経営戦略としての知財

Intellectual Property

久慈直登
日本知的財産協会専務理事

CCCメディアハウス

はじめに

前作、『知財スペシャリストが伝授する交渉術　喧嘩の作法』の最終稿を書いたのは、2015年である。それから4年しか経っていない。しかし、この4年で知財活動も世界も激変した。

前作を読んだ読者から私に対して、もしあなたがこの新しい状況を見て戦略を立てるならどのようなものになるか、書いてみたらどうか、というご意見を複数いただいた。

第4次産業革命と中国の急速な発展を書いた本は、書店にたくさん出ている。いまさら、私が書く領域はあまりないだろうと思いながら、そのような本を手当たり次第に読んでみると、たくさんのデータを引用し、日本企業や日本の大学について、あれもこれもできていない、と不具合を大量に指摘して嘆く内容のものが多い。他国のデータと比較し、日本の表面的な不具合を指摘して、それでおしまいというのは、少し不親切である。

一流評論家の本にそういう内容のものが多いのは、ブームに合わせて、関係するデータを引用し、本のタイトルを工夫すれば売れるというビジネスモデルである。評論家は産業の現場で業務の結果に責任を負う立場ではないため、不具合の指摘をすれば、彼らのミッションはそこで終了する。企業人の読者があとは何とかすればいい、というきっかけ作りがそれらの本の目的である。

そこで、もし自分ならどのような戦略を立てるか、それを書くのであれば少し意味があるかもしれないと思った。

急速に浮上した第4次産業革命対応については、前作の時点では、まだその言葉さえ一般的には使われていなかった。

１９６０年から２０００年までの40年間は、日本企業の知財活動は大量出願を目標としており、続く２０００年から２０１５年までの間は、積極的な権利行使が目標であった。前作は、その権利行使を中心に書いている。

これから先の知財活動は、データとオープンイノベーション対応が新しく追加される仕事になり、実務的には情報担当と契約担当の重要性が増す。

本書は、そのような情報・契約中心時代に、全社で行うべき知財活動をより広く知的資産戦略としてとらえ、どのように準備し対応すればいいか、について書いている。

前作を書き終えた２０１５年には、時代の変化の兆しが見え始めていた。きっかけはこの頃、同時に生じた複数の事象である。

①　通信技術が4Gから5Gに向けて開発が進み、その先のストレスのないIoTの可能性が見えてきたこと。

②　ネットワークを利用しているビジネスモデルの大成功と、それによる古いビジネスモデルの敗退が世界で相次いだこと。

③　協調や連携による産業の効率化を目的としてデータ共有化の拡大に向け、一斉に各国で動きが始まったこと。

④　大量のデータをクラウド上で管理できるようになり、人工知能（AI）が単なる計算機ではなく、人間の脳の動きを模して急速に進化したこと。

これら4つのトリガーにより、各国で新しい変化に照準を合わせた国家政策が次々に発表された。先進国も新興国も一斉に、である。

日本では「Society 5.0」である。狩猟社会が1・0として5番目のステージという意味でのネーミングであるが、ネーミングについていえば、未来を語るのに古代までさかのぼってからわざわざ番号づけをする点では、「Industry 4.0」の二番煎じの語感になり、もう少し工夫すればいいのにと思う。

　ただ、コンセプトはいい。

「Industry 4.0」がＩＴの活用による製造業の高度化だけを意味するのに対し、「Society 5.0」はエネルギーや環境問題も含む社会課題を対象にしており、個々の企業よりも社会全体で利益を享受したいという意思が明確にある。それだけに、政府から出される資料に記載されている取り組み内容のレベルは、各国の政策に比較して高い。


　情報をどう利用するかが、未来のビジネスの成功のカギであることは常識になっている。企業は、データを集め、ＡＩによりその情報の中からチャンスを見出し、ネットワークを駆使してビジネスチャンスをうかがう。その仕事を効果的に行うことができるかどうかは、データを含む知的資産を全社でどれだけうまく扱えるかによる。その活動が下手であれば、ネットワークの中で特徴も独自性も乏しく、多くの企業の中で埋もれてしまうであろう。

　世界の技術情報の７割までが特許文献と言われ、これまでも膨大な情報が知財活動の中で扱われていた。そこで培った情報対応のスキルを利用して、拡大した知的資産全体の情報対応を手がけることは、合理的である。

オープンイノベーションの下、他社と連携するときに、その相手をどう選び、どのような条件で連携するのか、その相手と成果の共有／独占の区分けをして、ビジネス上の利益を調整する仕事は、契約対応である。契約の仕事は、他社との連携が拡大する状況下では、これまでになく重要度を増す。

このような新しい仕事に企業内でどの部門が対応できるか、という問いへの答えは、知財部門のこれまでの仕事の拡大と応用が、最も手っ取り早い。というのも、すでに行っていることの延長線上にあるからである。しかし、それは知財部門という一組織内で行う必要はない。企業全体が知財の知識をベースにした知的資産対応を行う、というように、社内でのオープンイノベーションをすればいい。

２０００年までの間の日本企業の知財部門は、特許出願がメイン業務であった。コツコツと働く武器製造工場、または一歩ずつ着実に進む歩兵部隊である。それから２０１５年までは蓄積された特許を武器に、世界中で権利行使する係争訴訟部隊が脚光を浴びた。素早く移動しながら相手を攻撃するタスクフォース、のイメージであろうか。この時期には、ホンダのように常時１００件以上の原告知財訴訟を世界で展開していた日本企業もあった。主な被告は各社とも中国企業、韓国企業、それと彼らが進出する先の新興国の輸入企業であり、戦績はほとんどの場合、勝った。

出願の仕事も訴訟の仕事も引き続き重要ではあるが、これから先は情報部隊と契約部隊が脚光を浴びるようになる。

その強化のためには、広く社会や世界の動きを把握し、最新情報への感受性を常に磨いておく必要がある。経済連携が進むにつれ、世界各国の競争法や個人情報保護法など、様々な国の法規制への対応も急速に重要になる。のんびりしている時間は、全くない。

私は産業界にも行政にもアカデミアにも尊敬する友人が多くいる。一人一人に丁寧に自分の思いを説明し意見を聞きたかったが、時間は思うようにならない。もしこの本を読んで、知財をツールとする日本企業の連携戦略に共感してくれるならば、一緒に、またはそれぞれの立場で検討をしてほしいと思う。

本書が、企業において営業部門、技術部門の人も含めて、知財や知的資産を扱う人たちに、少しでも役に立つことを期待している。

前作は多くのテーマを網羅的に書いたので、そこでは十分に書ききれなかったことがいくつかあり、本書では重複しないように気をつけながら詳述している。前作に関連する項目もあるので、この機会に合わせて読み返していただければいいと思う。

経営戦略としての知財

目次

はじめに……1

第1章 新しい戦場へ

第2章 データをめぐる争い

第3章 日本企業のオープンイノベーション

第4章

ベンチャー企業もパートナー

第5章 世界のリアル

第6章 近未来の知的資産戦略

第1章

新しい戦場へ

1 世界経済の状況

ＧＤＰで見る世界４極

日米欧の３極時代から中米欧の３極時代に変化したと、言われている。市場規模としての中米欧はそれぞれが巨大であり、行政単位として統一的にコントロールされているため、この新３極はこれから世界への影響力が強くなるであろう。

しかし、日本の実力値も十分に大きい。

日本の市場自体は中規模ではあるが、輸出をうまく行うことによって、経済規模はもっと大きくなる。21世紀になってから電機などの日本企業のそれぞれの失敗は個別に理由があるものの、日本企業全体のポテンシャルパワーは拡大傾向を続けている。

日本の市場自体は今後大きくも小さくもならないが、二国間や多国間の経済連携が増えると、日本企業にとって活動しやすい海外市場は増える。そのチャンスをうまくとらえることにより、日本は４極の一つとして、将来にわたっていいポジションをキープできる可能性は大きい。日本の中小企業の海外進出率は欧州の中小企業のそれに比較してきわめて低いのだが、前向きに考えると、逆に大きな伸びしろがあるという意味になる。

ＷＩＰＯ（World Intellectual Property Organization：世界知的所有権機関）のデータによると、世界の発明者のホットスポットは10カ所あり、東京―横浜、名古屋、京都―大阪―神戸、パリ、ボストン―ケンブリッジ、サンノゼ（シリコンバレー）―サンフランシスコ、サンディエゴ、北京、深圳《しんせん》、ソウルである。

これは統計的に発明者の数をカウントしたものだが、今も将来もこの10カ所が世界をリードするイノベーションを生み出す場所であることは変わらない。10カ所のうちの３カ所が存在する日本は、アウトプットであるイノベーションを国の利益に結びつける戦略の巧拙が、これまで以上に問われることになり、３カ所も持っていてシュリンクしたら、残念ながら戦略が下手と言うしかない。

歴史を少し振り返ると、１９９０年後半にガットのウルグアイ・ラウンドで先進国が自国の市場開放に同意し、新興国への技術移転ライセンスが積極的に行われ、産業の雇用拡大が新興国にシフトした。それにより、この20年間で新興国は急速に伸びた。サムスン電子やヒュンダイ・モーターはこの時代の前半に成長した象徴的な存在であり、その後は中国企業が躍進した。

その状況が、２００８年の世界金融危機まで続く。それをきっかけに新興国の伸びはスローダウンしていき、全体として世界の貿易もその後縮小した。しかし、この20年間で技術を身につけた新興国の企業は、産業競争のグローバルプレーヤーに成長し、今に至っている。

この先、もっと自国保護主義が強くなり、新興国への技術移転ライセンスや雇用のシフトは止まり、むしろ先進国でのロボットによる製造にシフトバックするため、今後は新興国の企業も今までと違い、成長した企業としての苦労を味わうことになる。

19ページの図は、各国の２０１８年のＧＤＰ（国内総生産）の数字を国の面積として表現したものであるが（Worldmapperから作成）、これを見ると世界は現在日本を含む４極がリードしている。インドが加われば、５極になる。中国の数字は意図的に作られることが多く、相当にふくらませているようだが、全体として中国を含む新興国の急速な伸びは止まりつつある。米中貿易摩擦により、もっと停滞するかもしれない。

日本の産業競争力を強めれば、図の中の日本のサイズが拡大することになるが、それは個々の企業努力の合計なので、国家目標として掲げたとしても、その達成はそれぞれの企

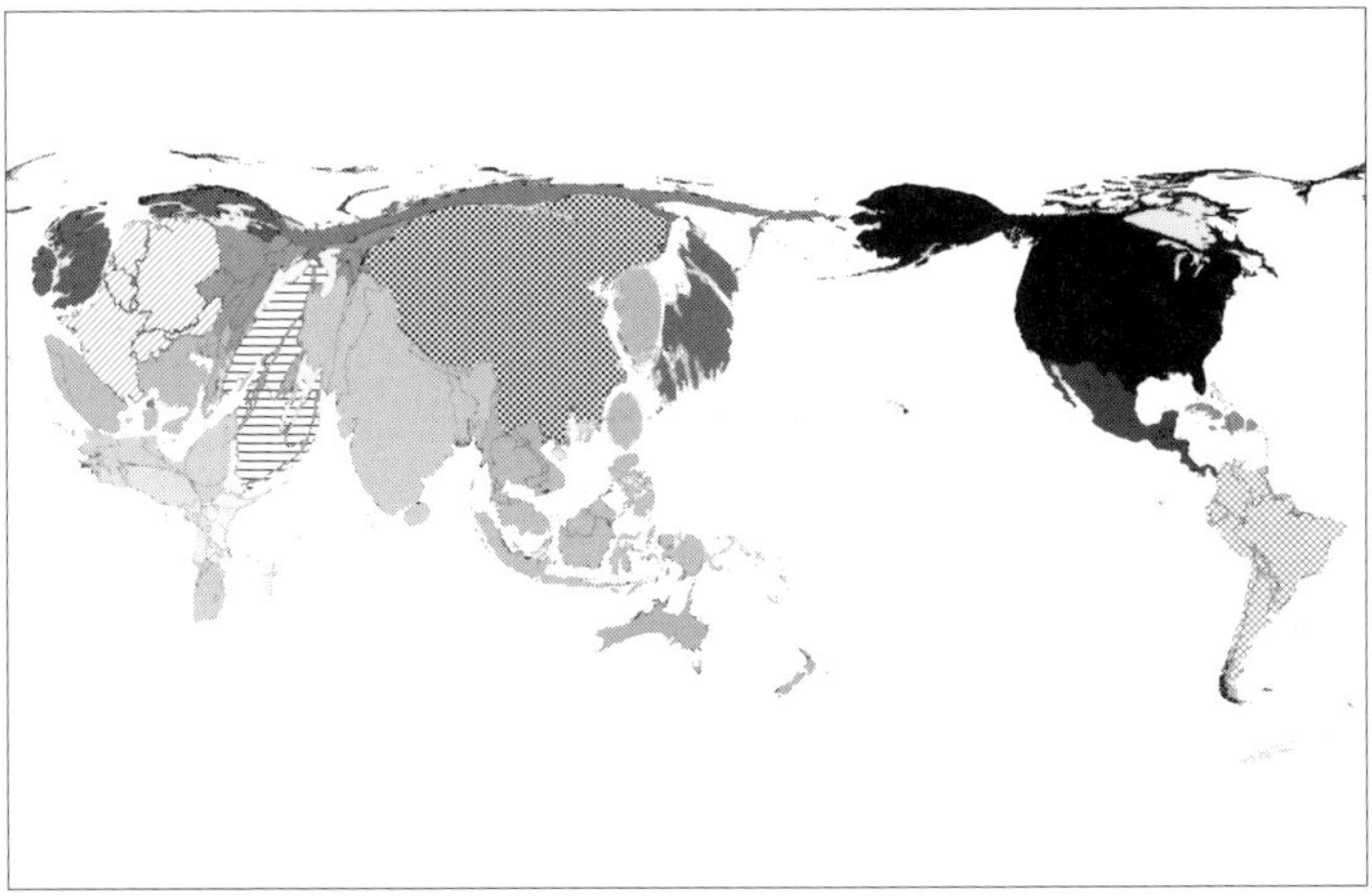

GDPの数字を国の面積として表したもの

業の努力に頼ることになる。

ＯＥＣＤ（経済協力開発機構）による長期の世界経済成長予想によれば、２０１０年では日本のＧＤＰが世界に占める割合は、２０１０年では約７％である。それが２０３０年では約４％にまで落ちると予想されている。ＧＤＰの割合から見た世界での存在感が、半分近くになるという予想である。

しかし、こういう予想を真に受けることはない。予想は一定の評価方法により採点して、その点数を合計しただけにすぎない。

例えば、世界は製造業から情報通信やサービス業にシフトしているという評価ポイントがあるが、日本はシフトが遅いと評価され、そこで減点されている。しかし、シフトが遅いのではなく、製造業が強すぎて

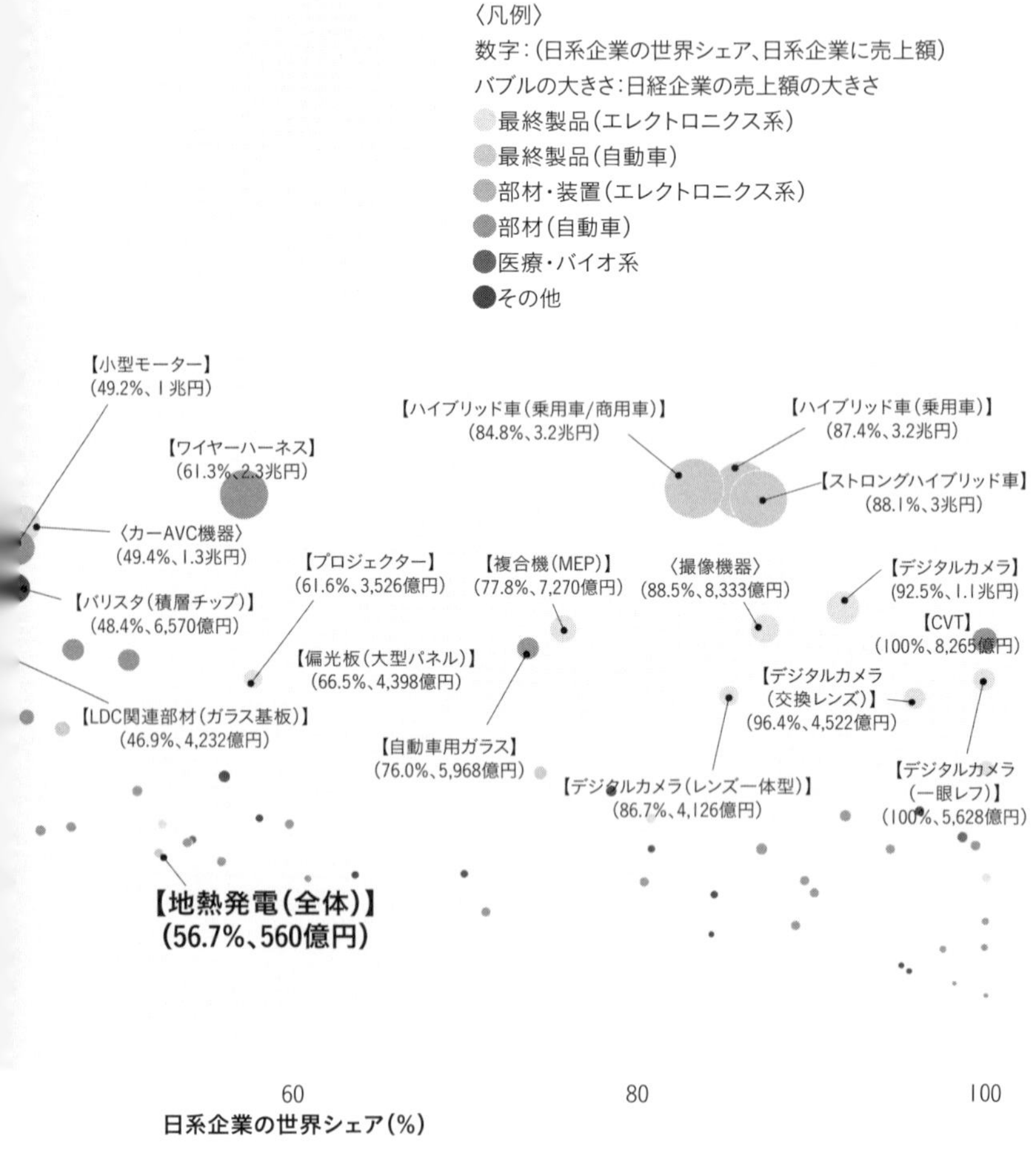

子情報産業の世界生産見通し」等

主要先端製品・部材の売上高と世界シェア（2014年）

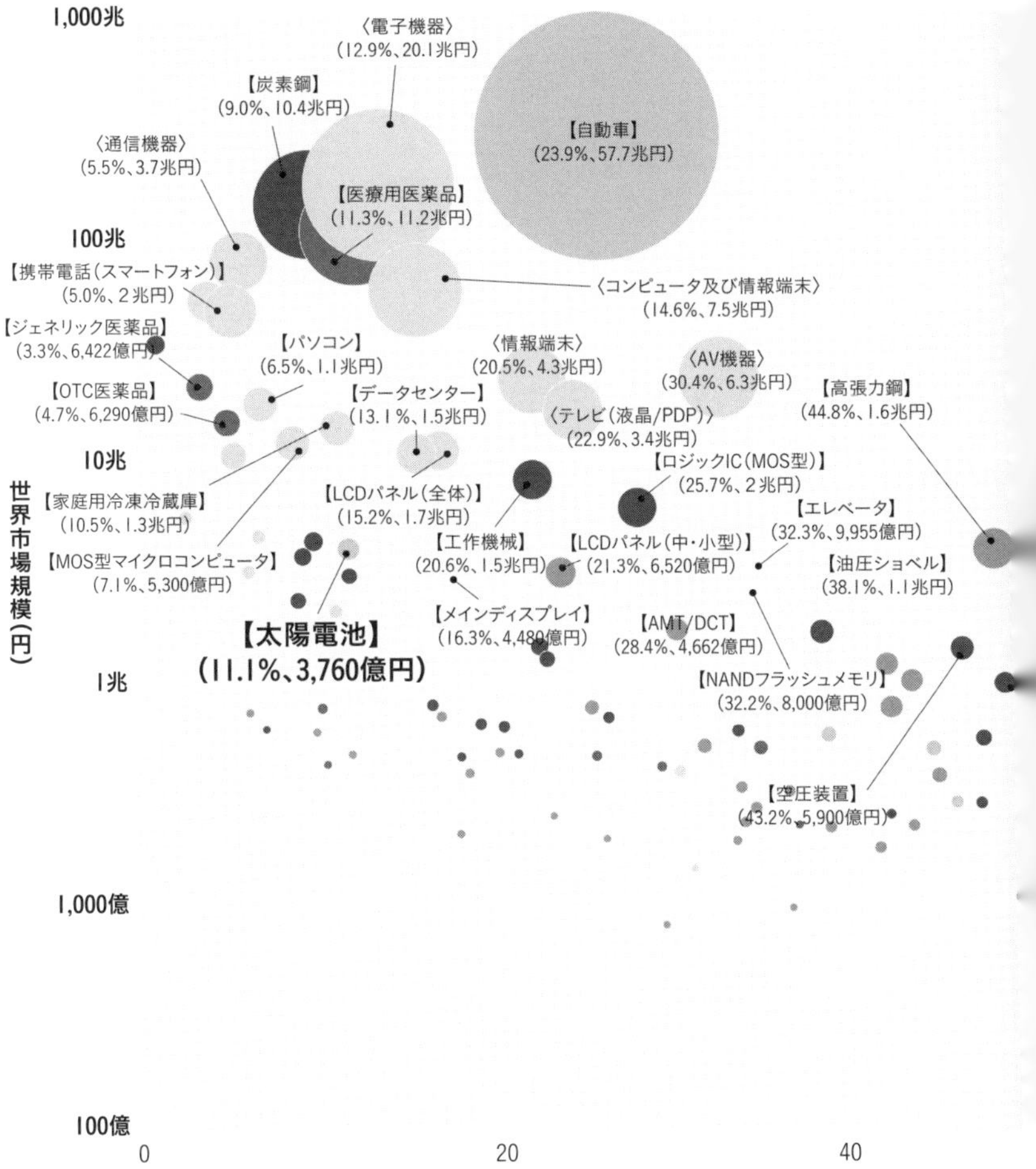

〈出典〉新エネルギー・産業技術総合開発機構「日本企業の国際競争ポジションに関する情報収集」調査結果（富士キメラ総研）、JEI

計算上は遅くなるらしい。

つまり、評価ポイントが違えば、結果の予測値は変わる。評価方法が、正しく客観的なものとは限らず、それが違えば結果も変化する。もし、予想を気にして、それを変えたいなら、評価方法を参考にして計算式の上で他国との比較上、弱い部分を強化すればいい。それにより予想は変わるのだが、それがいいとは限らない。ただの採点基準にすぎないからである。

20～21ページの図は、日本企業の各業種の世界でのシェアとビジネス規模を表している。国のＧＤＰの面積図を眺めていても戦略は思い浮かばないが、こちらの図は、各業種に所属する企業の名前が何となく想像でき、日本や世界の市場での商品の存在感をイメージできる。もしここで戦略を考えるなら、各企業や業種の連携を知財を、軸またはツールとして構成できないだろうかと思う。

世界全体は低成長期に入っているが、その中で各国が第４次産業革命という新しい流れを見ながら、自国こそがＧＤＰをより拡大しようとして、データの越境送信の規制や自国での研究開発の税制による優遇など、様々な手を打つようになっている。

2 変化のきっかけ

データを取りにいく時代

GAFA（Google、Apple、Facebook、Amazon）の話は、データの利用によるビジネスのサクセスストーリーである。

これまでは、企業が自らの企画の下に新しい技術を開発し、商品化することにより、新しい市場が形成された。企業はそれぞれが限定的な市場調査をしながらも、独自に商品企画を行ったが、企業の思い込みがベースになっており、ヒット商品もあればハズレも多かった。市場は企業発の商品企画によってリードされており、消費者は与えられた商品を受け取るだけで、意見を言う機会も少なかった。

新しい変化は、消費者のニーズがデータとして整理され、ニーズに合わせて商品が企画されるようになったことである。消費者のニーズは多様であり、それに合わせて商品やサービスを提供しなければヒットしない。商品の性能や品質は、ネットワーク上で他社の商品とすぐに比較される。この状況に適応するには、企業がビジネスとしてネットワークに入り込み、ネットワーク内で消費者が何を求めているかを知るという行動が必要になる。

自動車の技術を自動車会社が研究開発するとき、これまではエンジンや車体の改良を既存の技術の延長線上で、自分たちでこれがいいという思い込みで作ってきた。そこに消費者ニーズというデータを入れて考えるならば、都市交通のあり方、社会インフラとして自動車に求められるもの、他の交通手段との関係などの新しい視点が付け加えられる。

データは、工夫をしながらこちらから取りにいかなければならない。座して待っていてもデータは来てはくれないため、社外に向かって手を伸ばすしかない。オープンイノベーションやネットワークの利用が、手を伸ばす手段になる。

ＡＩの躍進

もう一つの変化が、ＡＩである。

ＡＩは、１９５０年代から研究が行われていたものの、２０１５年までは電卓の延長線上でしかない。データを入力した範囲で早く計算する、という機能を改良し続けてきただけであった。

計算だけで起こりうる可能性を確率として出したとしても、現実世界はもっといろいろなことが起きてしまう。正規分布曲線では、統計的に最も高い確率は曲線上のピークとして示され、そのピークから徐々に裾野にゆくにつれ可能性は低くなり、その先はゼロに近くなって、ほとんど起こらない。

計算上の確率としてはそうだが、現実世界ではこの裾野のあたりで様々なことが起きる。例えば、１００年に一度と言われるようなサブプライム問題のようなことも、起きるときには起きてしまう。そうすると、確率の計算というアプローチだけでは、実は頼りにならない。確率の低いところで現実に何かが発生してしまうことをファットテール問題と言うが、この問題は電卓の延長では対応できない。

例えば、自動運転を確率計算だけで行うと、事故だらけになるであろう。

自動運転は、まず自分が今いる場所を特定し、次にA地点からB地点に行くという行動計画を立て、実際に動き始めて自分の周囲の歩行者や障害物、他の自動車の場所や動きを把握し続け、自分の動きをアクセルとブレーキとハンドルとでコントロールする。計算をし続けて確率を割り出したとしても、突然の霧や雷雨や逆走の自動車が来るなどのファットテール問題が生じると、対応できなくなる。データ処理に膨大な時間がかかり、計算した結果は応用がきかず、汎用性がない。

ＡＩのブレークスルーは、ＧＰＵ（Graphics Processing Unit：リアルタイム画像処理に特化した演算装置ないしプロセッサ）を使ったことであった。画像処理用のＧＰＵを使うとパターン認識をしながら大量のデータを処理することができ、パターンとして特徴的な部分を認識し、応用が可能になる。霧も雷雨も、パターンの一つでしかない。

ＡＩは、生物の脳を構成する神経細胞（ニューロン）を接合したネットワークを、工学的に再現しようとしている。ここにＧＰＵを使うことによって、イメージを理解する生物の脳に近づいたと言える。ＧＰＵによるイメージの使い方は、人間の右脳の処理に似ている。

ともあれ、ＡＩの進化はこの数年間の出来事である。これにより、世界が変わることになった。ＡＩの研究が始まって、ここまで辿り着くのに50年以上かかり、この数年でいきなり実用化した。


それでも、まだ計算には時間がかかる。

そこで、量子コンピュータの可能性が浮上する。量子コンピュータは、量子の振る舞いを用いた計算システムである。例えばある状態が共存する、というのが量子の振る舞いの特徴の一つだが、その特徴を2ビットの0と1の状態だけではなく、その二つが共存する状態を作って並行で計算処理をすれば、2ビットの計算より速くなる。

量子の右回りスピンを0、左回りスピンを1として、共存するなら二つの量子で00、01、11、10が表現できる。それだけ聞いても何やら速くなりそうだが、それに量子エンタングルメントという量子同士の関連づけの概念を入れると、もっと速くなるらしい。

量子コンピュータは、実用は先としても、どこで使えば役に立つかという検討はすでに盛んに行われている。膨大なデータの処理を短時間で行うのに適しているため、新薬や材料の開発、金融ビジネスモデル、物流の最適化、リスク分析などが、最初の候補になるようである。

IBMの2017年末のプレスリリースによると、どこで量子コンピュータを使えば役に立つか、という検討をすでに、ホンダ、ダイムラーなどの自動車会社、JPモルガン・チェースなどの銀行、オックスフォード大、メルボルン大などの大学などと共同でスタートしている。こういうニュースは、さらっと出てくるが、将来の重要な方向性を示している情報である。情報感受性を高めるのは、こういう情報をマークし、自社は参加すべきかどうか、我が身に問うことである。将来の技術の芽のニュースはこの数年急速に多くなっており、それもさりげなく表示される。

ＡＩの社会との関わり方

データとＡＩの組み合わせにより、変化は加速する。

ＡＩがより賢くなるためには、大量のデータが必要である。大量であればあるほど、勉強し、賢くなれる。大量のデータの置き場所が自分のサーバーしかなければ、容量の限界に直面するが、クラウドの利用によって大量のデータを扱うことができる。

ＡＩが進化し、クラウドにより大量データも使えるという絶妙のタイミングが一致したのが、今である。

ＡＩがデータに基づいて学習し、可能性の高い結果を示せるようになったことにより、その応用としてロボットやマシンに工学的視力を持たせるマシンビジョン、言語処理など、一斉に開花するがごとく、世界中で検討され始めている。

ＡＩは、人間でなければできないと思われていた仕事を代替することができる技術である。人間の知性の代わりであるなら、ＡＩは人間が使えるテクノロジーであれソフトウエアであれ、みな使える可能性がある。そうなると、人間を主体とする倫理や規範、人間の故意過失を理由にする法的責任など、これまでのルールをどのように当てはめるか、早急に検討しなければならない。

ＡＩによる自動運転車が起こした事故の責任は、ＡＩの設計者にあるのか、管理者にあるのか、それとも形式的にドライバーシートに座っている運転者にあるのかという問題も含めて、世界中でＡＩ関連の法的問題について今のうちに早く対応を決めなければいけないと言われているが、まだ一歩を踏み出したところである。

ＡＩの可能性は法学者たちにとってはまだ空想するしかなく、人によって想定が少しずつ違い、議論があまり嚙み合っていない。弱いＡＩ、強いＡＩといっても、誰も明確な区別ができているわけではない。

ＡＩはいずれワンチップ化され、人間の脳も含めて、あらゆるところに使われるだろう。ターミネーターのＴ－８００の頭脳に使われたワンチップは、もうすぐそこにある。それにしても、今から35年前の１９８４年に製作された映画にＡＩのワンチップが登場している。あの時点でＴ－８００を考え出したシナリオライターは、未来を見てきたのかもしれない。Ｔ－８００は映画のシナリオ上では２０２９年の世界から来たことになっているので、現実社会のワンチップもあと10年ぐらいはかかるかもしれない。

3 知財から知的資産への広がり

無形資産は税務の言葉

知的財産という用語は会計学や租税法では使わない。彼らの世界では、知的財産を含むより広い概念として、無形資産（Intangible Assets）という言葉を使う。日本の会計では無形固定資産（Intangible Fixed Assets）と言うが、表現が違うだけで内容はほぼ同じである。

無形資産は、定義が国際基準になっておらず、さらに価値評価の仕方も定められているわけではない。定義がないことを利用して租税を回避されてしまうような、頼りない用語である。

ちなみにイファース、ＩＦＲＳ（International Financial Reporting Standards：国際財務報告基準）によると、無形資産に入るものは、識別可能、企業支配可能、将来の経済的便益の３要件を満たすものが対象になり、法的権利として保護されているかどうかを問わない。法的権利でなくてもいいということは経済的価値で判断するという意味で、例えば日本で特許出願しているが米国では出願していないような場合であっても、米国での経済的価値ありと平気で判断する。移転価格税制などの対応を法的権利だけで考えていると、不十分なのである。

ＯＥＣＤの移転価格ガイドラインによると、無形資産は、有形資産または金融資産ではなく、商業活動に使用するために所有または支配することができ、比較可能な環境の下で独立当事者間で行われたとすれば、その使用または譲渡に対して対価が支払われるようなもの、とされている。

知的財産権の他に、ノウハウ、営業秘密、商号、ブランド、契約上の権利、政府の認可、使用許諾、営業権、企業価値（on going concern value）、グループシナジー効果、市場固有の特徴的権利なども無形資産とされている。

無形資産という用語は会計や税務の目的で使われるため、そのカテゴリーに入れば税務の対象となるというような厄介な話がつきまとう。それよりも普通に使いやすいのは、知的資産という用語である。

この言葉は、企業の競争力の源泉のすべて、を示す意味で使われる。したがって、その類のものは何でも入って構わないので、定義として潔く、余計な気を使う必要がない。

無形資産のＯＥＣＤのガイドラインには書かれていないものとして、データ、ビジネスソリューション、プラットフォームネットワーク、ビジネスモデル、パートナーシップ、オープンイノベーション、企業文化などがあるが、これらは知的資産という用語では、迷うことなく入る。

英国の隔月の知財専門誌である「IAM」は、知的資産マネジメントの頭文字をとった名前である。「IAM」編集局の人たちとは年に数回会って、日本と世界の情報交換をしているのだが、先日、「このタイトルは先見の明があるね」と言ったら、不思議そうな顔をしていた。仕事の対象を知的資産として考えるほうが、自然だと思っているようなのである。

企業内の知的資産管理部門はどこ?

日本企業内で、このような知的資産を正面からきちんと扱う部門は、今までなかった。知財制度はすでにクラシックな制度であり、今後の産業競争はそれだけに頼るのが心許ない以上、企業は広く知的資産全体を考えなければならない。

特に、データやネットワークについては、法的な管理や契約上の権利義務も含めて、すぐにでも対応しなければならない。知的資産管理は、知財管理の応用で行えば効率がいい。

それは、似たようなものだから当然である。

そのため知的資産管理は、今後知財部門が自分の仕事としてはっきり意識して行うべき仕事であり、ここから逃げてはいけない。

これから先は、グローバル企業同士の連携の仕方が大きく変わり、経済連携の進展と共に国際的な企業間連携も急速に増え、連携の下で入手するデータやパートナーシップそのものが重要な知的資産になるであろう。各国は、データの重要性を考え、個人データだけではなく、産業データも国境を越えて持ち出させないという越境送信規制を始めている。

このことは、外国の情報を下手に利用するとペナルティを受ける可能性があるということで、もし国際的なオープンイノベーションに参加するなどして外国のデータを扱う場合には、日本企業は十分注意しなければならない。注意とは、全社で間違いがないように世界各国の規制を調べ、情報を提供し、対応について管理・コントロールすることである。

これをうまくできるのが、長年、技術情報収集や海外の法改正対応を行ってきた知財部門であり、そのスキルを利用しない手はない。知財活動を拡大すればいいだけの話である。

企業グループ管理と税

知的資産を広く管理するとき、派生的な問題として、例えば各国に存在する企業グループ各社の知的資産をどのように管理するかという問題がある。

多くの日本企業は、知財の権利に関しては日本の本社に集中させ、そこで一元管理している。そうする理由は、もし海外子会社に権利をそれぞれ持たせると、日本の研究開発の成果である特許と海外の研究開発の成果である特許が重複した内容で出願される可能性が大きくなり、後願が拒絶になるという現象が発生するからである。同じ企業グループの会社は、別々に研究開発をする場合でも、技術思想の基本的な部分は同じであるため、類似する発明が多く出てくる。そのため、重複する出願は回避しなければならない。

そういうことを防ぐために一元管理するなら、それは日本本社である必然性はなく、管理会社が海外にあってもいい。その場合、どうせなら法人税の安い国がいい。

タックスヘイブンと言われる国やパテントボックス税制のあるイギリスやベルギーなどに知財管理会社を置くのは、その観点からは合理的な判断である。

パテントボックス税制とは、知財が何らかの形で関係する企業収益の部分を対象として、法人税率を低くするという手法である。各国の税務当局からすると、自国での法人税収を増やすのは、彼らの大きなチャレンジテーマである。欧州のいくつかの国はパテントボックス税制により、知財を軸に自国に企業や事業を集めようとしている。仕組みは、一般の事業収益と知財による収益を分けて、知財による収益の部分への課税を安くするのである。その結果、知財はその国に集中し管理されるはず、という読みである。

こういう仕組みをよく考えつくものだと感心したいところだが、欠点も多い。

パテントボックスと名づけられるぐらいなので、対象は特許権中心で、他の権利が入るかどうかは、不明確である。税収のための制度なので、税務当局の観点は法的なものではなく、経済的な観点である。経済的というのは、例えばイギリスにある特許を使っている製品と同じ製品が米国で売られて儲かっているときには、米国に特許がなくても、それはイギリスの特許の経済効果が及んでいるとして、この制度による課税の対象にする。

法的にはそんなバカな、ということになる。実際に企業が行う特許出願国の選定や出願内容は、ライバルとの競争の観点で行われるため、税務当局が税をかけたい製品の売上と特許の存在がリンクはしていない。

売上に占める特許による収益がどの程度あるか計算ができるかというと、架空の計算式を作るしかなく、その結果、法的権利と経済的実態のずれにより、多重課税や無課税のように見える事態が生じる。つまり、今のところうまくいっていない。他国に支払われていいる税金を自国に持ってこようとする税務当局の意図が強すぎて、その分、整合しないところがあり、税収が減る他の国からは反発が起きても仕方がない。

米国のある会社が、税の回避の意図を裏に秘めて本社の所在地とは別の州に知的資産の管理会社を作った。対応したのは、その会社の知財部門である。

その話をこっそり聞かされたが、どのように行ったかという方法はここでは書かない。この話を紹介するのは、現に知財部門で、そこまでやっている企業があることを実例として出したかったのである。米国では税の回避に目を光らせているＩＲＳ（Internal Revenue Service：日本の国税局のような組織）と企業との論争が常にあり、ここで私が不用意に仕組みをバラせば、教えてくれた企業にとってはあまりいい話ではない。

ともあれ本書で申し上げたいのは、知的資産全体を扱うなら、対応すべき情報は税務問題も含んで、相当広くなるということである。

4 古くて新しい言葉、ＩＰランドスケープ

特許件数だけだと景色にならない

ＩＰランドスケープとは、知財情報をベースに様々な情報を関連づけて全体の景色を示す意味で使われるが、普通の英語の言葉であり、この言葉も内容も古くからある。しかし、日本ではネーミングとしての新鮮な響きがある場合、同じ内容であっても、言葉を変えただけで新しいブームになることが多く、これもその一つである。

以前は、日本の特許出願件数がその企業の技術力を証明するための手段になり、出願件数を増やせば増やすほど技術力があるとして、各社が競い合っていた。

日本企業の経営者は、知財部門から報告される出願件数と登録件数の右肩上がりのグラフを見て満足し、直接競合する日本のライバル会社の件数と見比べて、さらに件数を増やすことを指示する。しかしそれで終わり。それ以上の指示はない。

そのため、知財部門の仕事は出願件数を積み重ねることが中心になった。この時期はど

の会社の資料もパテントマップとして特許件数により自他の技術力の比較を示すグラフでしかない。マップは地図という言葉ではあるのだが、意味するのは件数グラフである。

20年ほど前に、特許出願件数を、イメージ的に山の標高で表現する手法を、外国の特許情報分析会社の社長本人から聞いたことがある。

山の一つ一つは技術分野のものもあり、企業別のものもある。それぞれがどの技術、または事業分野に力を入れているかを地図として、ビジュアルで印象的に示したものである。そのような手法で作られた資料は、それが世界で初めてであると力説していたので、聞いていて新鮮味があった。そこで、質問攻めにした。

「山と山の中間に将来有望な技術があることを予測しているのか?」

↓「データは過去の分析を示すため、将来のことは示していない」

「ある技術分野の山と別な技術分野の山との間の距離は、どのように定めているのか?」

↓「見やすいように設定している」

「それでも一定のロジックがあるでしょう?」

↓「私のセンスに任せてもらっている」

この会話の結果、残念ながら興味を失った。

ＩＰランドスケープという新しい言葉を使った最新の資料でも、20年前のこれと同じレベルのものが多い。

山にしようが、レーダーチャートにしようが、いくらきれいに見せても過去の特許を示すものは過去のデータでしかなく、それだけの意味しかない。せっかく分析しても他社の出願戦略が間違っていたら、役立つどころかこちらも間違うであろう。

ランドスケープというからには、市場や将来の展望まで含めた全体の景色が示されなければならない。近景に日本の市場があり、遠景に海外の市場という世界地図のような作り方もあるし、特許分類とは違う技術の分類をして、科学論文と組み合わせる作り方もある。自由に作ればいいのだが、特許件数だけだと過去の限られた情報を表示しているにすぎず、それなら古典的なグラフと変わらない。

ビジネスに本当に役立つランドスケープを作るのは、そう簡単ではない。

例えば、アップルとサムスンのバトルは数件の意匠権中心の全世界訴訟だが、いくらきれいに表示された特許件数の山脈を見ても、優劣も行く末もわからない。もし参考になるランドスケープを作るとするなら、製品の過去の歴史的な背景、誰がイノベーションをリードしたか、製品技術の構成要素は何か、市場に訴求している要素は何か、世界市場全体の方向性はこの先どう予測するか、などの特許件数以外の情報を取り込むことである。

そのように自分の世界観にかけてＩＰランドスケープを作るなら、大変やりがいのある仕事になる。そして多くの大企業では、ＩＰランドスケープと呼べるような資料は、これまでもいろいろな形で作っている。


公開される知財情報には、他社のビジネス情報が豊富に含まれている。発明が生まれた正確な時期、研究開発費のだいたいの金額、担当している要員の規模、主要な研究者の人事異動もわかる。発明の解決すべき課題が丁寧に整理されて書かれており、出願書類の語句の分析により、課題解決のための原理証明の初期段階なのか、試作品テストの段階なのか、それともすでに商品を市場に出す寸前のところまで開発が進んでいるのか推測できる。

語句は、例えば安定性という語が頻出すれば一般的には研究の初期段階であるし、小型軽量化やコストダウンという語が多くなるにつれて商品としての仕上がりや完成度が高くなり、市場に投入するだいたいの時期がわかる。

また、外国出願の対象国を調べれば、どこの国でビジネスを展開しようとしているかがわかる。

特許書類の発明者の欄を分析すると、各社の発明者が同一技術分野で何年ぐらい発明を生み出す仕事をしているのかがわかるが、それによりその会社のだいたいの人事施策が想像できる。いい発明を生み出すことを評価し、長くその仕事に従事させるようにしているか、それとも育成のために多くの分野で異動を繰り返しているか、または若手の管理職に任用し、マネジメントのために開発現場からすぐに外しているか、などである。そのような比較をすれば、自社の人事施策に対する提言のようなものもできるであろう。

知財情報の弱点としては、1年半以上前の過去の情報にすぎないことと、他社の研究開発の判断自体が間違っている場合があることである。

例えば、業界の各社がこぞって高性能の上位機種の開発競争をし、比較的小さな改良発明を積み重ねている状況では、他社の特許情報を分析すればするほど、同じように改良発明を積み重ねる競争の隘路に自らも入り込んでしまう。その状況下で新興企業から斬新なコンセプトの商品が市場に投入されると、上位機種を製造販売している企業は、軒並み仲よく足元をすくわれ、壊滅する事態が生じる。

こうした例は産業の歴史上多く見られ、経営判断の失敗例としてビジネス書に格好の題材を提供することになる。例えば、ディーゼルエンジンの改良技術を各社で競って特許出願をしても、燃焼エンジンである限りCO_2削減の限界があるため、別な形式のパワープラントが出てくると、各社とも一斉に負けてしまうことになる。

特許から得られる情報に限界があることを認識していれば、当然他の情報と組み合わせなければならない。

情報の組み合わせは将来の事業戦略のため

一般的な営業情報として各国の市場動向、技術トレンド、売上比較、利益比較、市場による企業評価や商品評価において自社はどこが強みでどこが弱みと見られているか、自社および競合他社がそれぞれ持つ関連企業や系列企業による支援状況はどうか、などがある。しかし、これらは知財部門ではなく事業部門が持っており、彼らは彼らで事業戦略を盛んに検討している。そのため、知財部門と事業部門の特別な連携が必要になる。

効果がある方法としては、事業企画部門や営業部門に知財部員を次々に異動させ、その部門の持つデータにアクセスし、知財部門に持ち帰ってもらって、知財情報を組み合わせるようにすることである。データの活用が叫ばれてはいるが、社内のデータはあまり統一管理されていないのが企業内の実情である。社内での連携、いわば社内オープンイノベーションが進んでいない場合に、他部門のデータを利用する場合にはそのような荒技が役に立つ。

ＩＰランドスケープとして表すべきは、将来の事業戦略の目標設定のための情報である。事業に関する各種情報と知財情報の組み合わせであるが、将来の事業に関する各種情報とは、新事業の企画、連携のパートナー探し、ビジネスエコシステムの全体像、オープンイノベーション下での業種を超えた競争状況の把握、将来予測、自社情報のオープン・クローズド戦略、ネットワークの中でのキーストーンの狙い方、世界のビジネス動向、技術の動向、各国・ライバルの取っている戦略の分析、自社戦略と将来シミュレーションである。

これらの情報が参考になり、全社の人と予算の再配置、事業新設と強化、事業買収、社外との連携の実行を決めればいい。企業の事業判断に結びつかなければ、ＩＰランドスケープを作る意味はない。

日本企業が今後グローバル産業競争を優位に戦い続けるには、全社でどれだけ情報を使いこなせるかにかかっている。

ＩＰランドスケープの言葉の定義などする必要もないのだが、このコンセプトをこれまで以上にうまく使わなければいけないことは、はっきりしている。ＩＰランドスケープは各社の状況に合わせて作成し、役に立てばそれでよく、こうしなければならないというルールなどない。知財の拡大版である知的資産を表現するインテレクチュアルアセット（＝知的資産）・ＩＡランドスケープが、広いという意味ではもっと役に立つのは当然である。

5 ビジネスエコシステムとキーストーン

ビジネスの生態系

エコシステムとは、生態系である。

日本でエコというと、エコノミーとして経済的に安い省エネを連想してしまうが、エコロジーの生態学のほうである。

システムは、海岸の生態系をイメージするとわかりやすい。小さなカニ、貝、小魚、小エビ、ヒトデ、海藻、イソギンチャクなど様々な種がいて、直接的な捕食だけではなく、協力して助け合って生きている。それをビジネスに置き換えるとビジネスエコシステムになり、もしデジタル社会でのビジネスのためというならデジタルエコシステム、インターネットを通じたデータの関連企業というならIoTエコシステムという言葉もある。しかし、そこまで詳細に区別する必要はあまりない。

ビジネスの中での生態系は、直接的な取引関係だけではなく、ネットワークの中で互いに助け合うという間接的な関係も含まれる。ビジネスエコシステムに参加するのは、複雑な製品をエンドユーザーに提供するための企業ネットワーク集合体に参加するという意味になる。

ネットワークの利用は急拡大しており、企業がビジネスエコシステムに関心がないという話はもうあり得ない。しかし参加するだけなら当たり前で、目標として掲げるには不十分である。

海岸の生態系の中で、ある種のヒトデがいなくなると、その生態系は徐々に崩れ去り、成り立たなくなるという話がある。

生態系の学者が見つけた現象であるが、そのヒトデのような存在をキーストーンという。キーストーンは、もともとは石組みのアーチの中で一番上の真ん中にはめるくさび形の石のことである。それを外すと、アーチ全体が崩れ去る。

同様のことが、ビジネスエコシステムに当てはまる。ある重要な技術または情報を所有している企業があり、その企業が存在しなくなると周囲が困るようなとき、その企業はキーストーンの位置にいる。

イメージしやすいのは、パソコンビジネスにおけるインテルのような存在であり、ネットビジネスにおけるアマゾンのような存在である。欠くべからざる重要部品というキーストーンの場合もあれば、プラットフォームという巨大なキーストーンの場合もある。

ともあれ、ここで企業が目標として狙うべきなのは、大規模であれ小規模であれ、ビジネスエコシステムの中で、キーストーン企業になることである。

キーストーン企業を目指すとしたら、他社との連携の中で自社の位置づけをできるだけ明確にして、強くする必要がある。

ビジネスエコシステムの中のプラットフォーム側の企業も、材料や部品会社のように重要なキーストーン側の企業も、その戦略策定において自社の位置を強くするためには、手持ちのあらゆる知的資産を総動員する必要がある。ビジネスエコシステムに参加する企業は、仲よしグループであると同時に競争相手でもある。他社の持っている知的資産も密かに分析をして、将来の競争の優劣の景色まで想像できるＩＰランドスケープが描ければ、上出来というものであろう。

レイヤーよりも実際の生態系はばらばら

ビジネスエコシステムと同じように使われる表現に、レイヤーまたは階層という表現がある。どちらの言葉でも企業群がきちんと並んで層をなしているイメージであり、整理整頓の大好きなアカデミアの論文ではよく使われている。

例えば、典型的なコンピュータ産業に当てはめると、CPUの階層にはインテル・モトローラ、コンピュータ本体の階層にはHP・デル、OS層にはDOS・ウインドウズ・MAC、アプリケーションソフトウエアの階層にはワード・エクセル、流通の階層には小売り・大型店・通信販売、ときれいに整理される。

しかし、レイヤーや階層というより、ビジネスエコシステムという用語のほうが海岸の生態系のごとく、てんでバラバラで、どういう関係になっているかよくわからない状況を表しており、現実の多種多様な企業関係をイメージしやすい。サンゴ礁には世界の海洋生物の7分の1が生存し、小魚やプレデター（捕食者）のような魚もいれば、昆布、エビ、カニ、ウニなどもいるが、階層になっているわけではない。

私は企業で何か話す機会があるときには、その企業のビジネスを下調べしてネタとして使うことが多いが、失礼にならないように注意しながら、子会社や取引先関係会社を海藻、小魚、磯の魚、回遊魚などに適当に当てはめて話す。講演を頼まれた先がM&Aをよく行う企業だったりするとついプレデターと言いたくなるが、そうは言わずに「エコシステムの中をスマートに泳ぐドルフィンみたいですね」と社交的に言う。そういうときには、聞いてくれている企業の人たちの脳内では〝エンドルフィン〟が泳ぎ回るらしく、とても嬉しそうな顔をして聞いてくれる。

6 プラットフォーム戦略と対抗戦略

プラットフォームのハブに睨まれるカエル

「Forbes」誌の〝世界で最も革新的な企業トップ100〟にランクインしている企業の60社が、ネットワーク効果を利用した成功、と分析されている。現時点でそうなら、将来のトップ100は、ほとんどすべてがネットワーク効果を利用している企業になるだろう。IoTを利用するビジネスエコシステムは、国内ビジネスでも国際ビジネスでもどんどん進み、これに乗り遅れると単独でのビジネスの成功は今後難しくなりそうである。

プラットフォーム戦略は、標準化とIoTを利用して、自社が中心のビジネスエコシステムを作ることが目標になる。ビジネスエコシステムをつなぐものはＩｏＴであり、プラットフォーム企業になろうとする企業はハブの立場になり、全体を展開させようとする。ハブになれば、全体をマネジメントしやすい。

もし、ある企業が強力なハブであれば、それに参加する企業は下請けデバイスメーカーになり、利益を上げられない下請け業者の位置から逃れられなくなる可能性がある。プラットフォーム企業がサンゴ礁の管理者になり、その中に生息する小魚たちは管理者から餌を与えられて生き延びるしかないイメージである。

全く架空の例だが、インターネットで自動車を自分向けにカスタマイズしながら注文できるとして、パワーユニットはA社、バッテリーはB社、インテリアはC社、エクステリアデザインはD社、自動運転のソフトウエアはE社、組み立てはF社の工場で行うというように選択をさせるビジネスを行うとする。ストックされたデータや画像から自分の好みで選択し、車を作る。

パワーユニットはホンダで、エクステリアデザインは日産自動車、インテリアはトヨタなどを自由に組み合わせて注文できるとする。実際には自動車はパッケージが大切で、重要部品を好きに組み合わせるなどあり得ないのだが、小物部品ならあるかもしれない。

この架空の例では、注文をオーガナイズする企業がハブとして利益を得やすいポジションをとり、ハードを提供するメーカーは常に性能とコストを画面上で比較され、安く誘導されて、その結果利益が出ずに、薄利の餌に甘んじる小魚になる。

小魚でもカエルでも、ハブに睨まれている企業は立場が弱い。

強くなるには、キーストーンになりうる技術を手に持ち、プラットフォーム内で特別なポジションを取るべくネットワーク効果を利用する情報対応をしっかり行うことである。もし、近未来に日本企業が世界の産業をリードするポジションを確保するような新しいビジネスモデルを先行して作ることができるなら、それがハブになり、そこで次につなげるサイクルが生まれるであろう。

キーストーンは強い

プラットフォーム企業の戦略は、これまでの成功例を見ると、オープンにする領域とクローズドにする領域の二分化を行い、オープン領域に様々な企業を引き入れてビジネスエコシステムを作り、クローズド領域によりプラットフォーム全体を支配するマネジメントを行う。クローズド分野による闇の支配のようなものである。

例えば、アマゾンは情報をあまり明らかにしない企業である。アマゾンはそのサイトに世界で２００万社以上が商品を載せているが、アマゾン自体の商品ではどういうものがどれだけ売れているのかはわからず、さらにアマゾンの事業構成ではマーケットプレイスよりもクラウドサービスのほうが、事業が大きいらしい。

世界中の企業がアマゾンのクラウドサービスを使い始めているが、よくわからないところが多い。それでも、アマゾンのマーケットプレイスやクラウドサービスが、アマゾンによりクローズドでコントロールされていても、特段の不便は感じない。

この状況下での対抗戦略としては、技術でもブランドでもビジネスモデルでも、闇の中で光るものを持つことである。その場合の特許出願は、自社の勝負ポイントにおいて集中的に行い、それ以外の分野は非独占であっても使えればそれでよく、割り切ってコストダウンのため手放す。つまり、これまで日本企業が全方位防御として広く薄く万遍なく出願していたのとは違う集中出願戦略になる。

マーケットプレイス上では専門家やメーカーの宣伝文句ではなく、ユーザーからの評価のほうが購入動機として参考になる情報と言われるが、そこに焦点を当てて技術もブランドもわかりやすいところに集中することである。

化学メーカー、材料メーカー、金属機械メーカー、部品メーカーなどには、特定領域の集中強化は採用しやすい戦略である。重要なのは、自社が入っているビジネスエコシステムの中で、どこが自社の勝負ポイントかを定める情報分析である。それがうまくできれば、出願自体は結果としての手続きでしかなく、この場合、情報分析のほうがはるかに重要である。

標準化とプラットフォーム対策

ビジネスエコシステムの中で他社との連携が増えることは、自然に技術標準化への対応が増える。これまで企業の中では標準化を品質や互換性のルールにすぎない、というように単純に理解し、技術部門の第一線を退いた人たちが定年前の社外活動として行うのにちょうどいい、というように扱っていた企業も多かった。

しかし、今は状況が違う。標準化はプラットフォームやオープンイノベーションの要素であり、知財戦略が複雑に絡むため、非常に重要な仕事として位置づけられている。

所属部門も、これまではどこかの部門の軒先を借りていたのが、今は堂々の標準化部という独立部門を作っている企業もあり、知財＋標準化部という、独占と共有のコインの表裏を扱う部門にしている企業もある。ホンダの組織は知的財産・標準化統括部という名称で、その名に相応しく二つの機能を合併させてできたものである。

この組み合わせで仕事をすると、コインの表裏の仕事を統一的に扱うことができ、プラットフォーム企業戦略やその対抗戦略を考えやすい。標準化は他社と技術やビジネスを共有するオープンであり、知財は自社独自のものとするクローズドとして、どの部分をオープンにしてどの部分をクローズドにするか、全体を見て考えることができる。

技術を国際標準にすれば自社で市場を取れるか、というと、一般的に答えはノーである。市場は広がるが他社も次々に市場参入するため、自社のシェアは当然下がる。そこでは、一番安く商品を出す企業がシェアを伸ばす。その場合の対応策は、標準にしない周辺の特許を持ち、それをうまく使って自社製品に優位性を持たせることである。それを意図した出願戦略が必要になる。

標準化で、一社の知的財産が強すぎると、うまくいかないこともある。失敗例として、国際的な標準を狙ったＮＨＫのハイビジョンやＥＶのチャデモがある。対象となる技術領域に日本の特許が多すぎて、結果として日本が利益を総取りしそうだと警戒され、他の国や企業は手を出したくなかったらしい。どこの国も企業も、最初から参加したい、そうしなければ利益が取りにくい、という基本的な計算が働いている。

自然界の生態系の中では、餌を全部独り占めせずに、他の魚も食べられるように分け与えることが、その中で生きるということであり、ビジネスの生態系でもそれは同じである。

7 情報屋が主役

情報の仕事は魅力がある

知財活動に今後期待されるのは、知的財産権だけではなく、広く知的資産全般にわたる情報収集と分析、そして情報力に基づく各種の企画である。

これが知財部門のメインの仕事になり、うまくできるようになれば、特許出願手続担当者は、これまでの知財部門の輝かしい主役の座を譲ることになるであろう。

ＷＩＰＯでさえ、今後はＰＣＴ（Patent Cooperation Treaty：特許協力条約）の出願管理よりも情報屋としてのナレッジネットワークが期待される大きな仕事になるかもしれない。ＷＩＰＯはすでに知財データを中心に様々な情報を集積し、そこから有益な人類の知識を創造できる、という志の高いメッセージを発信している。出願管理は継続するとしても、人類に役立つものとして、今後、情報の果たす役割が大きいとするのは、彼らのセンスのよさを感じる。

ＷＩＰＯナレッジネットワークには、知財データに加えて、経済・イノベーション分析、知財統計分析、各国プロフィールデータ、各国知財法令集、パテントスコープなどのグローバルデータベース、ニューラル機械翻訳、イメージサーチツール、オントロジー・分類、ＷＩＰＯ Ｐｅａｒｌ（多言語用語集）、コンセプトマップなどが入る。ＷＩＰＯが作るＩＰランドスケープといったところであろうか。

各種情報を集めて、現実世界の市場のように観察、分析、シミュレーションをＡＩで行い、それを可視化して予測をすることは、サイバーによる現実を作るのでデジタルツインと言うが、それも含めて経営判断に頼りになる情報が求められるとき、知財部門で長年培った情報対応のスキルはそれに応えやすい。

企業が垣根を越え、業種の枠を越え、国境を超えてオープンイノベーションとなると、これまで取引のない相手と連携することも多くなり、経営判断に必要な情報は相手企業の知財情報と共に、知的資産である経験、強み、販売ネットワーク、提携ネットワーク、相手企業の利益の源泉は何かといった情報も含まれてくる。そのような情報を知らずにオープンイノベーションに参加すれば、自社の個性が多数の中に埋没し、自社の個性＝知財で守っていた利益の源泉は、プレデターのような魚に食われてしまうかもしれない。

ここで、情報をうまく扱うことにより、リスクが少なくなる。企業の最大のミッションは、自社の領域を確保し、そこで金を稼いで生き延びることである。

知財情報は重要な役割

日本企業の外国出願率は、平均的には中小企業で日本出願件数の10％前後にとどまり、グローバル産業競争を行っている大企業の外国出願率は、製薬企業は別として、普通30％から50％程度である。特許出願はたとえ一つの発明であっても、複数国に出願して20年維持すると1000万円以上の投資金額になるため、各社とも非常に慎重な判断をするのが常である。したがって金がかかっているため、外国出願の内容は企業が重要と考えている技術エッセンス集として把握できる。また、日本出願は優先日の確保のため早期に発明としてまとめあげた結果なので、ホットな最新情報になる。

ビジネスの失敗例の分析で本当に役に立つのは、経営判断の時点でどのような情報を集めて参考にし、判断していたかである。経営判断も人間の行う判断なので、最終決定はその人の物の見方や感性による。したがって、誰がやっても同じ判断ということはないのだが、精度が高く役に立ちそうな情報を揃えておけば、それにより合理的な判断になる。知財情報は、その意味では最も精度が高い情報の一つである。

知財情報を、自社出願の先行技術調査や他社出願に対する無効理由調査のために使うのは出願戦略の一部であり、その範囲にとどまる限り、企業の知財部門の仕事の範囲を出ない。一般に知財の専門家は知財の世界に居住することを好み、その範囲の専門家として活動しがちだが、先行技術調査や無効理由調査だけを対象にするなら、いくらＡＩを使って効率よく行ったとしても、それは知財の従来の仕事のレベルアップの範囲にすぎない。

そこから一歩踏み出し、より広く世界の技術動向や社会変化の情報と組み合わせながら知財情報を分析し、自社の向かうべき方向を提案することは、企業戦略策定の仕事である。

例えば、自社のライバル会社であれば、製品ラインアップや特許出願は同じような傾向なのだが、全くの異分野に特許出願を少しずつ出してくる場合がある。その場合、その異分野のビジネスは将来的に自社に関係する可能性があるかもしれない。そのため、ほほうと感心している場合ではなく、それをヒントとして、異分野のビジネスやどのような企業がいて自社と連携の可能性があるかなど、情報を調べて自社内で共有しておけば、ライバルよりも先回りするなどの経営判断に役に立つ。

COLUMN

日本語の壁

米国国務省の外国語習得難易度ランクで、最も難しいカテゴリー5＋に分類されている世界で唯一の言語が日本語である。日本語はいい面では日本企業が保護されやすく、悪い面ではグローバルで戦いにくく、日本企業のよさが評価されにくい。

日本企業の語学力の順位は、63カ国中59位という最下位グループである（ＩＭＤ〈International Instituce for management Development：スイスの経営開発国際研究所〉の国際調査ランキング２０１７による）。日本語が自分たちでも難しくて勉強するのが大変だから、外国語まで手が回らず、力つきているのかもしれない。

大企業だけなら、ランキングは相当に上位だろうと思いたいところだが、日本の中小企業の海外展開が２・８％ということもあり、語学を使う機会がないということともリンクして、結果は最下位に近い順位である。

海外の専門用語をすべて日本語に翻訳し、日本語であらゆることを学習できる仕組みは、日本人全体の学問的レベルアップという結果をもたらした、明治以降の日本の教育の優れた方法である。しかし気をつけないと、日本の法律と日本語の文献だけを見て、世界を考えてしまう。それは、世界の動きについていくには今では全く不十分である。

日本人にとって英語の文献を読むことは、慣れていないと時間がかかるが、機械翻訳にかけた日本語の漢字を拾って読む分には、日本語は世界でも指折りの速読のできる言語であるだけに、むしろ速く読める。漢字やカタカナを、島のように飛びながら読める言語なのである。機械翻訳ではまだ「てにをは」をうまく訳せないのだが、それは無視して速く読み、それから気になるところをじっくり英語で読めばいい。そのうち機械翻訳の精度も上がり、日本語の壁は消えるであろう。

データは「断片的事実、数値、文字」、情報は「データの組み合わせに意味を付与したもの」、知識は「情報の体系的集積」、知能は「知識の解析により新たな知識を生み出す機能」、知恵は「知能を利用することにより物事に対処する人間の能力」という日本語の定義が、総務省情報通信政策研究所AIネットワーク化検討会議により示されている。「どうですか、みなさん。わかりやすくなりましたか？」と言いたくなるような定義である。

多くの日本人は、データは「data」、情報は「information」、知識は「knowledge」、知能は「intelligence」、知恵は「wisdom」として理解しているのが普通であろう。

行政の人たちは日本語で仕事をしなければならない縛りがあるため、総務省版の日本語の定義を我慢して使ってもらうしかないが、グローバルビジネスをしている企業人は、できるだけ英語を使うほうがいい。そうでないと、言語からの知財ガラパゴスが発生し、解釈や判断の微妙なズレが生じる。

ビジネスを日本語で行うと、日本のスタイルという限界が生じる。過去に日本には検索エンジンもEコマースもSNSもあったのだが、それらがグーグル、アマゾン、フェイスブックのように発展しなかったのは、英語ではなかったから、という分析結果が、２０１７年５月の経済産業省の新産業構造ビジョンに書かれている。

分析されてはいるが、それ以上に何か変えるべきという記載はなく、したがってこれから先も事態は何も変わらない。変わらないどころか、同じ政府機関の総務省がデータという言葉をわざわざ断片的事実、と日本語で定義し直している。何でも日本語にするのは、時代に逆行している。

第2章

データをめぐる争い

新しい知的資産であるデータ

データは事実上の知財

データは事実上、知的財産のような価値を生み出すものとして扱われるので、いわば事実上のデファクト知財のように考える必要がある。

データは今までも使われているが、データ量が少なければデータの価値はそれほどでもない。集めてできるだけ大きくし、分析して意味を見つけることにより、価値が高まる。

現在、データの８割が非構造化データと言われるが、これは画像、動画やセンサーにより集められたデータのことであり、これまでのコンピュータでは対応することができなかった。ＡＩがデータをイメージ的に処理できるようになったおかげで、非構造化データにうまく対応できるようになった。

今後、様々な出自や種類の違うビッグデータ同士がつながり、傾向値や将来の方向性が把握できるようになる。それにより、次のビジネスチャンスが生まれることになる。

集められたデータは、最初はごちゃまぜで、いろいろな金属が溶けている海のようであるとか、まだ不純物の多く混じる鉱山の原石のように例えられる。これは、エッセンスを取り出さないとそのままでは使えない、という感じをよく表している。原石のようなデータを採取し、分析し、解釈する精錬作業を行ってから、ようやく学習済みデータが使える金属になるということである。学習済みデータを使ってその後に新しいビジネスが生まれるのだが、それはできた金属を加工して、新しい製品を作るのに似ている。

新しいビジネスは、ネットワークにのって短時間に世界に伝播する。原石のデータから採取を経て、新しい製品＝ビジネスになるまでのどこに自社が介入できるか、どこに利益を確保できるか、少なくともこの過程に早いうちに入り込まないと、チャンスは少ない。

普通、企業の勝敗は一ラウンドでは終わらず、何度もリターンマッチがあり、敗者復活戦があるのだが、これからは、データの利用サイクルに入っていないと、いつまでも不利な状況が継続しそうである。自社製品を作るにしても、市場データに合わせないと空回りする可能性が大きく、結果的に新しいビジネスへの対応が後手にまわるからである。

オンラインのプラットフォーマーは、参加企業から提供される商品やサービスに関する情報や利用者の情報を収集しやすいよう、参加企業と秘密保持契約を結び、参加している企業同士では情報交換ができないように仕向ける。プラットフォーマーは全体マネジメントとして参加企業を管理し、コントロールしたいのでそうするが、その状況下でのリターンマッチは容易ではない。

2 データは誰のもの？

対立ではなく連携が進む

データは、その発生から加工まで関与者が多い。

例として、ある個人が自動車でドライブするときのデータへの関与者を考えてみる。

① 生データ発生の主体として個人がいる。どこに行くかという目的地と経路を決めて、自動車の運転操作をし、それにより走行データや自動車部品の使われ方などのデータが発生する。

②　運転操作のどの部分の情報を取り、目的地と経路までの周辺環境や交通状況をどの程度集めるか、というデータ取得プランを作る者がいる。
③　取得プランにしたがい、実際に取得するのは各種情報のセンサーメーカーである。センサーは、自動車の各部品についている。
④　部品メーカーもそこに関与する。
⑤　それを統合するのは、自動車メーカーである。
⑥　取得したデータを整理し、学習用データセットとしてまとめあげる者がいる。
⑦　それを使って解析し、学習済みモデルを作る者がいる。
⑧　学習済みモデルをヒントにして、新しいサービスを提供する者がいる。そしてそれを利用し、新たなデータを発生させる個人が再度登場し、サービスの向上に向け、このサイクルが循環する。

これだけで、主な登場人物は8人である。

データ発生の主体の個人は、個人情報の一定の保護の対象にはなるが、ビジネス上の当事者ではない。ビジネス上は、これだけの関与者がいると、データの取り扱いについて、それぞれの投資や貢献に応じて権利やリターンの利益を主張することになる。しかし、調整はなかなか難しい。

対立構造としてあるのは、データ発生側である自動車・自動車部品・家電・流通などのグループと、データ加工側である検索サービス・eコマース・ソーシャルネットワーク・デジタルコンテンツなどのグループの二つである。

しかし、対立構造というのは概念上の架空の話にすぎない。自動車会社のようなデータ発生側グループの企業は、自分でデータ処理をするように動く。理由は、データの利用による新しい価値の発見はデータ処理により行われるものであり、その付加価値の高い仕事を、みすみす外部に行わせることはないからである。汎用ソフトウエアのようなものを利用すれば、ディープラーニングであってもデータ発生側の企業が自分で行うことができる。

このあたりが、今後のイノベーションのホットスポットである。

データは、大規模なもののほうが役に立つとなると、データ発生側グループの企業連携が進むであろう。その場合、自動車業界、建築業界というように、日本で業種ごとに日本企業がデータを軸にして連携が進むのは役に立つ。世界と戦うための日本企業の知的資産であるデータの共通基盤が、固まることになる。

このことは、後に述べる、知財をツールとして日本企業が連携する戦略の推進の追い風になる。

3 データ利用の現状は

行政はやると宣言しているが

日本では、行政の持つデータも含めて各社の様々なデータがデータ流通市場を介して共有されることにより、ビッグデータ分析が可能になり、次のイノベーションにつながることが盛んに提唱されている。

日本企業が自らもデータを提供し、他社のデータにもアクセスしやすいようになれば、いいサイクルができるであろう。政府の日本再興戦略2016にも、「ネット上のバーチャルデータをめぐる競争では日本は出遅れた。リアルデータをめぐる競争では出遅れないようにする」と反省を込めて表現している。

2017年の新産業構造ビジョンでは、「リアルデータプラットフォームのために必要なことは、共有と競争領域の区分の明確化、その推進主体の明確化、データの電子化や構造化などの基盤整備、メリットの明確化、データプラットフォーム構築費用のコスト負担方法、ルールがガラパゴスにならないための国際連携」であると指摘されている。

そのいくつかは、対応がもう始まっている。例えば自動走行に関連して、莫大な費用が必要な高精度三次元地図作成は日本国内で協調して行うとし、データ構造や図化方法など明確化された。また、地図の更新頻度や費用負担などのビジネスモデルについての検討も進められている。


しかし、道はまだまだこれからである。社会インフラは長期間をかけて身の丈にあった成長をしてきたが、データを使い、いまさら余計なことをすれば予算、雇用の見直しをしなければならなくなる。まして、省庁間でデータが全く統一されていないのは周知の事実であり、これから行うにしても相当時間がかかりそうである。リアルデータをめぐる競争では出遅れないようにする、という宣言をしたとしても、実行についてはマイルストーンを設定し、着実に前に進めていかなければ、かけ声だけになる。

データをどうすればうまく利用できるか、各国でデータ利用に向けた新しい施策は次々に打ち出されている。

個人情報では米国のMyData、英国のmidataが、官民が保有する個人のデータを再利用できるように本人に還元し、本人関与の下でデータをさらに利用しやすいようにしている。

日本では官民データ活用推進基本法が２０１６年に公布され、同時に施行された。その中に「個人に関する官民データを個人の関与の下で適正に活用することができるようにするための基盤の整備」を行うように書かれている。

といっても自分のデータがどこでどうなっているかを考えると、複数のかかりつけの病院、保険組合、保険会社、銀行、企業など、本人しかわからない複雑なネットワークの先にデータが少しずつある。自分でデータを管理せよというレベルの話ではない。それらをビッグデータとして統合し、さらに活用しようという話である。医療データの統合などは課題が多すぎて、遅々として進まない。海外の進み方を横目で見ていると、日本はもっと焦るべきであると思う。

産業データのほうもＥＵでは、欧州産業デジタル化、ＩＣＴ標準化、電子政府など、ＥＵ全体でデジタル対応をするように矢継ぎ早に施策を出している。ＥＵはボヤッとしていると、ＥＵ各国ごとに米国にやられてしまうという警戒感から、ＥＵ全体で足並みを揃えて早く実行しようとしている。日本は、国としては一つにすぎないので、ＥＵよりもっと早く動けるはずである。

各国政府のデータをインターネットで見ると、どのようなセンスで行っているかが垣間見え、各国のデータ取り組みの進行状況を直感的に把握しやすい。

米国政府が公開しているデータは、www.data.govに表示されており、とてもわかりやすい。世界中の国がこのようにわかりやすいデータを出してくれればいいのにと思うほど、センスよく作られている。

他の国の政府が公開しているデータは、米国のサイトの次に国の略称を入れると、だいたい表示される。

日本政府はちょっと違って、www.data.go.jpである。日本政府のサイトの中は調べるのに結構苦労する。つい米国と比較してしまうが、こういう同じ類のサイトは比較すれば参考にできるので、他国の様子を見て今後はどんどんよくなるのだろうと期待したいところである。ちなみに中国政府は、data.stats.gov.cnである。

まず社内、次に社外、そして拡大する

日本企業は、ビッグデータ作成のためにライバルと連携しろ、と言われても歴史的に長い利害関係がありすぎて、そう簡単にはいかない。むしろ、日本のライバルと手を組むぐらいなら海外企業と手を組むほうを選ぶのが、多くの日本企業の行動パターンである。だ

が、それはそれで悪くない。企業はグローバルで物事を考えるほうが自然で、日本国内に閉じる必要はない。

企業がデータを利用する効果としては、自社の直接的メリットとしては自社製品の改良、メンテナンス、自社の他の事業に展開させるなどがある。

このようにデータを使う場合、ちょうど知財の使い方と同じように使うことになる。

ここで注意すべき事項としては、日本の大企業が複数の事業を展開している場合には、ある事業部門で使っている技術もデータも、他の事業部門ではその存在すら知らない場合が多いことである。

例えば、ホンダの自動車エンジンで評価の高いＶ－ＴＥＣエンジンは、実は二輪車の研究開発で生まれた技術であった。知財部門の担当者が、権利は二輪車に特定して出願したものではないため四輪車でも使えるということを知っていて、それを話しているうちにようやく四輪車側でもいい技術であることに気がついた。二輪車も四輪車もエンジンは基本的な構造は共通するのだが、同じ企業内でも他の事業部門のことはほとんど知らなかった例の一つである。

このようなことは、大企業ではごく普通に起きている。まして事業が分社化していれば、企業の共有財産である知財でさえ、分断されて管理されている。

知財というはっきりと語句で表現され、くくられているものでさえそうなのに、範囲や定義の不明確なデータとなると、多くの日本企業は、自社内でどうなっているかがよくわからない。

メタデータという言葉があるが、これはデータについての情報を意味し、本をデータに見立てると書誌事項のようなものである。本ならタイトルや著者名で検索できるが、データは検索用に整理しておかないと、何が入っているかわからない。かといって、日付とか主題とかタグを作っても、データそのものではないため、どうしても実際のデータの内容とズレが生じる。データを特許の明細書のように仕分けるには大変な労力がかかるが、それでもデータは情報の追加や変更があり、変化してしまう。

したがって、データを使う効率や目的によって、ある程度割り切った管理をしなければならない。これから全社の知的資産管理としてやるべきことは、とても多い。

データに関して、企業間の連携がうまくいっている例として挙げられるのは、ライフサイエンス分野での製薬企業、ＩＴ企業、大学など99団体が参加するライフ・インテリジェンス・コンソーシアムがある。

コンソーシアムの目的は、ＩＴ企業とライフサイエンス企業がＡＩを利用したライフサイエンス分野の産業競争力を加速することを目指すと書かれている。成果の取り扱いは共有として、会員のみが利用可としている。

このコンソーシアムで参考になるのは、共有領域と競争領域をはっきりと区分していることである。共有領域として、製薬・化学・食品・医療・ヘルスケアなどに関して企業の持つ文献データ、公共データベースなどで、大学の助言を入れながら、ＩＴ企業が標準モデルを開発する。そこは共有である。それから、その標準モデルで社内データを解析して各社モデルを作る。そこが競争領域になる。この区分は、わかりやすくていい。

ワーキンググループとして、未病・先制医療、臨床・診断など10のグループがあり、それぞれのワーキンググループの中で、がんゲノム医療におけるＡＩ活用など、さらに細分化されている。個々の患者のデータは、まだ入っていない。個人データなので、そこはまだ調整が必要なのである。

この例は、他の業種にとってもデータ共有化の企画を検討する際の参考になる。

4 データの権利

データをどのように保護するのか

データは、それ自体は権利ではない。

したがって所有権の帰属ということもなく、単にデータを保有しているという状況があるにすぎない。

データオーナーシップという言葉が使われることがあるが、これは法律上の用語ではなく、データを利用することへの一般用語として使われる。

データは公示制度があるわけではなく、所在や権利関係は外部からは明確ではない。限定的ではあるが、著作権法や不正競争防止法での保護の対象になることもあるため、社内での管理の仕方としては一種の知的財産のように扱える。

ちなみにEUでは、投資を伴ったデータベースは作成時から15年を保護期間とする新たな権利を、sui generisという表現で、1996年3月11日に採択して作った。しかしこれは時代が早すぎたらしく、評判は悪く、ほとんど機能していない。データの交換や利用の際に余計な権利があると、取引の自由度が失われるという基本的な問題があり、さらにデータベースを継続的に更新すれば、半永久的に権利が続いてしまうという欠点が指摘されている。

それでもデータを加工する各段階で作業と投資が必要である以上、他人に使わせるときには適正な対価を要求したいというニーズはあり、それを法的に保護すべきという意見は継続してある。しかし、余計な権利を作ると、データが広く使われる妨げになることも認識されており、各国とも権利化には慎重である。

データをある程度加工すれば創作性が生じたとして、著作権を主張することはできる。データを加工するために用意されるプログラムは、著作権やソフトウエア関連発明として特許でカバーされる。解析結果は学習済みモデルと言われるが、ＡＩが計算した結果は、00や01というように、人間にはわからない数字が続くものなので、それは著作権では保護されない。しかし学習済みモデルは、生データの統計的性質を抽象化したデータであり、派生モデルの応用もありうることから、何らかの保護が必要であるという主張もある。

営業秘密保護の要件（秘密性、管理性、有用性）を満たせば、それはそれで生データであれ、学習用プログラムであれ、学習済みモデルであれ、利用するアプリであれ、不正競争防止法による保護の対象となりうる。しかし登場人物が多くなると、秘密性の維持が難しくなり、秘密ではないとなると、不正競争防止法による営業秘密としては保護されなくなる。

その場合、むしろ登場人物間での契約により、データの取り扱いや権利義務を決めるほうが、実務にはなじみやすい。したがって、データを権利として保護するのはどうやら当事者間の契約が一番適しているようである。

不正競争防止法による保護

日本では、データの保護に関して2018年に不正競争防止法の改正が行われた。データを権利として扱うのではなく、不正行為が行われた場合に救済するという考え方である。

データの不正取得、使用、提供の悪質なものを、不正競争行為として差止請求、損害賠償請求、信用回復措置ができるようにするのだが、このような対応は日本だけであり、他の国ではあまり見当たらない。

この法改正は「Society 5.0」の旗印の下で行政が熱心に進め、産業界の意見は二つに分かれた。普通、法改正をする場合、改正に必要な立法事実、つまり法改正の必要があるという困った事実の発生によって必要性を判断するのだが、今回は、将来おそらく問題が起こるはず、という想定により判断しようとした。もし、それぞれの人が将来について想定するものが違えば、意見も違うことになる。

将来のことを想定するのは、誰にとっても難しい。

例えば、データの取り扱いは関係者の間でブロックチェーンを使ってクラウド上で行う方法が一般的になると考えられるが、ブロックチェーンを使ったときの不正競争行為がどのようなものになるかという具体的な状況をまだ想定しきれず、したがって政府の委員会では議論の俎上に載せられていない。

産業界の意見は、データへの理解や関与の仕方により分かれた。生データ発生の主体になりうる企業は、自社の投資がある場合には救済されるべきという理由で、データへの不正行為がある場合には追いかけていって差し止めをしたい。他方、データをできるだけ利用したい企業は、使っているデータにある日突然、不正行為によるデータが一部含まれていることが判明し、社内の誰かが実はそれを知っていた、となるとそこで使えなくなる可能性があるため、取引の安全から見て不都合であるとして、反対する側になる。

ともあれ、日本の不正競争防止法の適用範囲は日本国内なので、日本企業は日本で社外から入手するデータは、出所が信頼できるところであることを調べ、社員には不正競争防止法の知識を教育し、あとで不正データが混じっていたことを不心得な誰かが知っていたせいで使えなくなった、という憂き目に遭わないように注意しなければならない。

5 データ送信への各国の規制

規制の内容

個人データの取り扱いは、先進国では大変である。それは市民の意識が高く、敏感に反応するためである。ソーシャルネットワークなどを通じて膨大な個人データがすでに集められており、個人の氏名、住所だけではなく、趣味、居場所、交際関係、サイトの閲覧、取引情報、銀行情報、メールアドレス、暗証番号なども含まれる。敏感にならざるを得ないであろう。

ＥＵで、２０１８年５月23日に運用が開始したＧＤＰＲ（General Data Protection Regulation：一般データ保護規則）によると、企業がＥＵで個人情報を集める場合、使用目的などについて個人に通知するか同意を得ることが必要で、削除の要請があれば、その個人の情報を削除しなければならない。

個人データをＥＵの外に転送するときは所定の手続きが必要で、もし違反した場合には、最大で売上の４％か、２０００万ユーロのどちらか高いほうの制裁金が課される。日本企業の現地法人が、顧客の名刺を日本本社に電子データとして転送し、日本から顧客に商品カタログを送信すると、これに引っかかる可能性があるという内容である。

個人情報保護は時代の要請であり、面倒でも注意が必要である。データの保護方法は各国で違っているため、企業においては各国法への対応は現地法人がまず行わなければならない。しかし、海外子会社の不祥事は日本の本社の責任である、というのが日本での企業責任の追及パターンである。日本本社は、海外現地法人がしっかり対応しているかどうかを監督しておかなければならない。

データ・ローカライゼーションという言葉の意味するところは、サービス提供に必要なデータは当該国内に存在しなければならず、サービスを運用する物理的なサーバーは国内になければならない、というものである。

米国には、政府調達でデータ・ローカライゼーションを義務づける規定や税務関連の情報システムの設置を米国内に限定する、などの規定がある。

欧州委員会の一般データ保護規則は、ＥＵで取得した個人情報につき欧州委員会が十分な保護水準を確保していると決定した第三国以外には移転禁止とし、その他、例えばドイツでは、欧州委員会規則の他に金融やテレコミュニケーション関連データの移転についても規制する。

オーストラリアは、政府の委託を受けて国民の健康・医療情報を扱う民間運営事業者に、情報の運営管理は国内で行うよう義務づけており、中国では国務院が設定する重要情報インフラ運営者に対し、中国国内で収集作成した個人情報および重要データの国内保存を義務づけている。

産業データは、世界の火種になりつつある。世界の産業のデジタルインフラは米国企業が実力で支配しているが、中国の国内だけ見ると、政府の保護により中国企業が独占している。中国のサイバーセキュリティ法では、外国企業が中国国内で取得した現場データを国外に持ち出すことを禁止している。その逆の、中国企業が米国や日本で入手したデータの中国への持ち帰りは自由である。そうなると、著しい不均衡が生じる。

中国は、先進国の技術情報を、これまで合弁会社を通じて入手し、産業スパイを潜り込ませて盗み続けてきたということがＦＢＩレポートにも書かれている。これは現在の米中貿易摩擦の理由にもなっているが、それに産業データ保護の不均衡が上乗せされる。

このように、データに関する世界各国の動きは急速に起きているので、世界でビジネスを行う企業は情報収集に一層の注意が必要である。法律は各国が一方的に作るが、外国企業であってもその国に入れば適用されてしまい、知らなかったという言い訳は通用しない。法の不知は之を許さず、という古典ルールは、どこの国でも有効である。

データも知的資産の一つというからには、日本本社の知財部門は上記のような各国の規制の情報把握と共に、自社のデータ管理の状況を、現地法人の管理体制も含めて知っておく必要がある。これは結構大仕事である。

6 契約屋の出番

データのための契約

バトルオブフォームズ、という言葉で何かしら記憶がよみがえる人は契約交渉を担当した人である。こちら側とあちら側、どちらの書式で契約交渉をスタートするか、それが交渉のファーストラウンドである。相手の書式を採用したときに個々の条文を変更するのはとても大変で、いちいち理由がいる。そのため可能な限りこちら側の書式を使いたい。その状況での駆け引きがバトルオブフォームズである。

データを扱う契約は、そういう書式の争いになるかもしれない。

データは物権ではなく、知的財産権とも言えないので、利害関係者が契約で、誰がいつどのデータをどのように利用することができるのか、を決めることになる。

知財財産権ではないので、データのライセンスという構成は変則的なものになる。データの契約は簡単ではない。瑕疵担保責任、保証、危険負担は不明確さがつきまとい、データをビジネスに使った結果の損害賠償責任というものもない。契約として債務不履行があれば、履行請求や損害賠償請求はできるのだが、どういう状態が債務不履行なのか想像しなければならない。事例もその蓄積もない。

データは国内だけで利用するものではなく、国際的にも利用されるものなので、今後、国際スタンダード契約案がいろいろなところから提案されるであろう。

２０１７年には、Linux FoundationがＣＤＬＡ（Community Data License Agreement：コミュニティデータ使用許諾契約）を公表している。

オペレーティングシステムであるLinuxは、マイクロソフトのWindowsやアップルのmacOSの対抗馬として知られているが、無料で内容も完全公開されているので改変可能であり、世界で急速に拡大している。個人のパソコンにもインストールできるので、世界では個人のマニアも多いが、日本では不思議にまだそれほどでもない。

このようなオープンソースソフトウエアのコンセプトをデータにも適用しようというのが、ＣＤＬＡの提案ということになる。データを持つ企業が、この契約を通じてデータを共有し、同時により多くのデータを使えるように支援する。ＯＳのLinuxの急速な拡大のように、このＣＤＬＡによるデータの利用が今後、世界で大きく増える可能性がある。

世界中の契約担当者が、データ契約の勉強をすべきときが来ている。

今後、様々な契約フォームが提案されることであろう。

これまでソフトウエアライセンスでは、オープンソースライセンス（ソフトウエアやソースコード、ブループリント、設計者の利用、修正、頒布を認めるライセンス）、クリエイティブ・コモンズ・ライセンス（クリエイティブ・コモンズによる著作権のある著作物の配布を許可するパブリックライセンス）、シェアード・ソースライセンス（マイクロソフトがソフトウエアを提供する際のライセンス）、クローズド・ソースライセンス（オープンソースの定義を満たさないライセンス）などの、様々な契約案が世界にある。日本企業の契約部隊には、新しい大変な仕事が待ち受けている。

ＡＩのための契約

ＡＩの契約に、どのように対応するかを考えておかなければならない。

まずＡＩに関連する契約の一つとして、ＡＩを利用してデータを処理し、学習済みモデルを作る場合の委託契約がある。ここでいきなり、ＡＩを利用した場合に、どのような結果が出てくるか全くわからないという問題にぶつかる。

人間が簡単に想定できるような結果なら何もＡＩを使う必要がないのだが、結果が想定できないとなると、目的を達成したのかどうか検証しようがない。もし結果に不満足な場合には、その理由が最初にセットしたデータが間違っていたのか、目的設定、アプローチが悪かったのかもわからない。そのような不確かな対象物と成果物が、契約の対象になる。

次に、ＡＩの成果物を知財的に保護できるかだが、知財制度自体は発明者として人を想定して構成されている以上、ＡＩが何か考えたとしても発明者や創作者にはならない。それならば、ＡＩの介入という企画または投資をした企業にＡＩの作り上げた成果を帰属させたらいいのではないか、という考え方がある。商標は、このような場合に使うことを想定しているわけではないが、投資をしたことにより、それに関連づけてＡＩの成果をマーキングすることは、工夫すれば可能になるかもしれない。

ともあれ、現時点ではこのような事例を想定した知財制度はどこの国にもなく、成果の権利化として特許、意匠、商標は使えそうもない。

どのような契約にすればいいか、ＡＩに答えを求めるというジョークもあるが、まずは契約担当の腕の見せ所であろう。

第3章

日本企業のオープンイノベーション

オープンイノベーションへのトライ

定義は簡単に

オープンイノベーションとは「本来複雑な機能を持つ製品やビジネスプロセスをアーキテクチャーに基づいて独立性の高いモジュールに分解し、モジュール間を社会的に共有されたオープンなインターフェイスでつなぐことにより汎用性を持たせ、多様な主体が発信する情報を統合させて価値の増大を図る企業戦略」と、日本ではアカデミアの人たちによって定義されている。

このような定義は本当はどうでもよく、海外ではオープンイノベーションという語は、以前から普通の英語として使われている。単に自前ではなく社外と連携して使えるものは使う、という程度に気楽に使う言葉である。

オープンイノベーションで注意しなければならないのは、自社に強みがあるコアの技術領域をオープンイノベーションの場にさらす必要はなく、コアの周辺のとめどなく広がる技術領域について社外のリソースを借りればいい、という点である。右記のアカデミアの難しい定義には、この単純な切り分けのニュアンスも示されていない。

今、オープンイノベーションが注目されているのは、価値観の変化が起きていることと、開発から事業までのスピードが早くなっていることの二つが理由である。

価値観の変化は、情報がもたらす。

例として自動車会社は従来、自社を自動車製造の会社と定義し、自動車の技術を研究開発するという制約を自らに課して、その範囲で新しい技術を追求してきた。もし、もっと広い視野で、社会にとって自動車を含む都市交通はどのようにあるべきか、として自社の価値を追求するなら、公共交通や利用者、都市計画など様々な情報やニーズも考慮しなければならなくなる。そのあたりになると、一社で考えるよりも外部の知恵と労力を借りるオープンイノベーションが役に立つ。

開発から事業までのスピードが早くなっているのは、以前は自社固有の技術の熟成にたっぷり時間をかけることができたのが、各社とも開発スピードが早くなっているからである。

例えば、試作とテストを実機で何度も繰り返していた開発を、デジタルデータでテストをすると、開発期間は何分の一かに縮めることができる。デジタルで行うならすべてを自社で行う必要がなく、他社と連携して分担し、さらにベンチャー企業の新しい技術を入れやすくなる。

世界の大企業は、オープンイノベーションにより外部の知恵を取り込もうと必死である。フィリップスは、社内にオープンイノベーションチームを作り、50％の製品のコア技術を社外から取り入れる目標を設定しており、P＆Gも自社の製品開発の技術ニーズをConnect ＋ Developというサイトを作ってそこで公開し、シーズを社外から募集し、開発の50％はオープンイノベーションで行う、としている。

開発の50％を外部からという目標設定は驚きの数字だが、公表しているからには、彼らにはうまくいく見通しがあるのであろう。

日本企業においても、トヨタがオープンイノベーション推進部門として未来創生センターを設置するなど、各社で積極的な展開が見られる。

技術とビジネスのオープンイノベーション

オープンイノベーションへの実務対応は、技術的な連携とビジネス上の連携の二つを区別すると、考えやすくなる。

技術的な連携での企業の関心のありかは研究開発成果の帰属であり、ビジネス上の連携での関心のありかは自社が得る利益である。

オープンイノベーションでの連携先は日本企業に限定して考える必要はなく、新しいビジネスを生み出す広さと速さのためには世界から探すほうがいい。この点に関しては、日本の行政が考えるオープンイノベーションはあくまで日本国内中心の取り組みであり、日本でのベンチャービジネス支援や日本国内での産学連携が施策の中心になっていて、窮屈に思う。企業実務では国内に限定して考えない、という大きな違いがある。

連携先としてのインド

日本企業の技術連携の古典的なパターンは、日本の系列会社や部品取引先との共同開発である。ハードウエア開発の場合は、それはそれで所在地も近く、継続取引により手慣れていて速く、正確で、効率がいい。

世界に視野を広げると、ソフトウエア開発やデータの解析、ＩＴインフラなどについては、これまで米国企業の受託先として鍛えられてきたインド企業への業務委託が世界中の企業からもっと盛んに行われる可能性が大きい。

米国とインドはちょうど時差が12時間あり、米国が夜の間にインドで仕事をする関係で実力をつけてきたことと、英語で仕事ができることにより、現在カリフォルニアにあるソフトウエア開発の会社の社長の６割がインド人と言われ、当然ながら社員にもインド人が多い。

日本のメディアの記事は中国関連の記事が多すぎて、インドの、特にビジネス記事はとても少ないため、日本企業にはインドの実力のほどがピンとこない傾向がある。

しかし、第４次産業革命の仕事であるビッグデータやＩｏＴ関連の業務委託となると、インド企業が最も得意とする分野である。注意してインドを見ていると、真面目な姿勢といい仕事のレベルの高さといい、英国系の遵法精神やマナーもあるので、日本企業との相性がいいと思う。

余談だが、私がインドでセミナーを行ったときに会場から受けた質問の中に、なぜ日本企業はもっとインド企業に委託しないのか、という質問があった。

私が答えようとする前に、会場の別のインド人が立ち上がり、「それはインド企業の自己ＰＲが日本において不十分だからだ」と発言し、それを受けて、また別のインド人が「日本との取引のコツは日本語を使うことだ」など別の意見を言い始め、30分ほど会場内だけで議論が沸いた。

その間、講師の私は口を挟む隙もなく、手持ち無沙汰で壇上にいたのだが、質問といい、答えといい、インド企業は日本企業と連携したい、という熱い思いが十分よくわかった。こういう経験もあり、私はインド企業がこれからの日本企業にとってパートナーになるべき、いい相手のように思う。

その後調べてみると、やはり日本企業のインド進出は着々と増加している。海外進出の常連は自動車と電機なのだが、インドには化学メーカーや食品メーカーも含めて各業種から多くの企業が進出している。

ジェトロ（日本貿易振興機構）のデータによると、２０１７年の進出日本企業は１３６９社となっており、この10年で１０００社ほど増えた。ちなみに日本経団連の会員数が１３７６社であることを考えると、主要な日本企業の多くがインドに進出しているというレベルの数字である。２００７年では、たった３６２社しかインドに進出していなかった。ただし、中国に拠点を持つ日本企業は２０１７年では3万２３４９社であり、タイでさえ６１３４社であることを考えると、数の上ではまだまだこれから増える。

日本企業のインドでの生産拠点は、８３８拠点ある。そのうち8割がデリー、ムンバイ、ベンガルール、チェンナイの４カ所に集中している。日本企業が集まる地区は州政府の対応や誘致姿勢がしっかりしており、ビジネスのインフラが整っている証しである。それはこれから進出する企業の参考になる。

インドで成功している日本企業の代表的な例が、スズキ自動車である。

スズキは、いち早くインドに進出して基盤を築いた。インドの自動車市場の2017年の販売シェアは、スズキが44%で、高級車分野も含めて断トツである。スズキはこの先、販売シェアを50%にするとまで言っている。ちなみに2017年のインドでの販売シェアはトヨタが4%、ホンダが5%である。スズキのインド進出は1982年で、ホンダは1995年、トヨタは1997年であることを考えると、海外進出は早いほうが有利という、お手本のような成果である。

インドはこれから急成長することが約束されている国である。日本からの距離は中国に行くより遠くはなるが、カントリーリスクのありすぎる中国と比較すると、政治的には安定しており、まだしばらく成長する以上、ビジネスチャンスは大きい。

知財に関して知っておくことは、インドはコモン・ローの国で遵法精神が強いこと、特許の出願件数はまだ年間4、5万件程度でそのうち1万件がインド人の出願であること、模倣品メーカーはあまりなく、ほとんどが中国から来ているものであること、などである。

インド企業と共同研究や委託研究を行う場合の注意点としては、役割分担のところである。

技術開発のステージは企画、研究開発、テスト、カスタマイズ、量産後の保守サービスと大きく分かれるとして、日本企業は企画だけ行い、あとはインド企業に任せてもいいかもしれない。なぜなら全行程の中で、企画が一番重要で付加価値が高いコアの領域である。なにもその部分をインド企業であれ、どこであれ、広くオープンイノベーションにさらす必要はない。そこを日本企業が手放すと、結局自分の実力がつかず、いずれは衰退する。そうならないようにするために、コアの部分は我が手にしておくことである。

実際、米国企業、特にシリコンバレーの企業は、インド企業に頼みすぎたであろう。インド企業がほとんどすべての企画、開発を行い、米国の本社ではブランドマネジメントしかやっていないところもある。

インド企業は成長力が強い。もし食われるのが嫌ならば、コアの領域は手放してはいけない。

2 自前主義の弱点

独りで生きていきたい

日本企業は一般的に自前主義が非常に強く、自社でコツコツと作り上げた技術を誇りとし、それをもって世界で戦い、成功した創業の伝統を持っている。

こうした成功体験は、同じパターンの継続の強い動機になる。日本企業はその成功パターンを一定の技術領域で繰り返し、他社の成功領域にずかずかと踏み込まないよきマナーもあったので、同じ業種内でうまく棲み分けることができた。

日本のように同業種の中に大小の企業がひしめきあって存在するような産業環境は、世界でもあまり例がない。同業種にいくらライバルが多くても生存領域がきれいに棲み分けられて、一定の利益を得られる以上、技術上でもビジネス上でも今まで他社と連携する必要は少なかった。できれば今後もこのままでいたいと思うのが人情であろう。

経済産業省が２０１６年1月18日に公表した「オープンイノベーションに係る企業の意

思決定プロセスと課題認識について」のアンケートがある。これによると、今後も自社単独で研究開発をしたいと考えている企業は回答者の60％以上であり、グループ会社間や国内大学との共同研究にとどめたい、と考えている企業は実に80％以上になる。要するに、日本企業の大半は、身内企業や国内大学とならつきあうが、同業他社や異業種との連携はしたくない、というアンケート結果である。

大学について見てみると、ＮＥＤＯ（New Energy and Industrial Technology Development Organization：国立研究開発法人新エネルギー・産業技術総合開発機構）が事務局をしているオープンイノベーション協議会が、２０１６年に発行したオープンイノベーション白書によると、日本の産官学全体の研究費の総額は約18兆円であり、負担者、使用者と共に筆頭は民間企業である。

そのうち民間企業は13兆円を社内の研究費として使い、企業から大学に渡される委託研究費は７５０億円に留まる。単純に計算すると、自社で使う０・５％を大学への委託研究に使っている。やはり、国内大学にはおつきあい程度の資金しかいっていないのかもしれない。

産学連携の活性化は20年前から強く叫ばれているが、２０１６年においても成果はあまり出ていないようである。

しかし、一社で新製品の開発をするよりも、他社と共同で行うほうがイノベーションにつながるまでのスピードが速い、という実証データが、ある大学の調査により示されている。そのようなデータの影響もあるのだろうが、2016年のアンケートでは連携に消極的であったとしても、そろそろオープンイノベーションを考えようかという気分は、企業に出始めていると思う。

そのため、国内外の大学、公的研究機関、同業他社、異業種の企業と連携する際のポイントを、今のうちに整理し準備しておく必要がある。

例えば、自社の技術者はどこの誰が自社にとって有益な取引相手になるかをよく知っているはずである。そこで、その可能性のある相手先を整理し、相手の技術の蓄積度、知財のポートフォリオ、契約のパターンを調べて、IPランドスケープのようなものを準備することが役に立つ。それにより、自社と相手の技術の比較ができ、共同研究後、共同ビジネスになったらどのように展開することになるか、予測ができるからである。

そのような分析内容に説得力があれば、連携することについての経営判断はしやすくなる。漠然と相手を眺めているだけだと、一歩も前に進まないであろう。

もし今、連携を企画するなら

ホンダのアシモは、二足歩行技術の完成を目標とした社内ベンチャーが成功した典型的な例である。１９８６年に数名でスタートした研究開発は、スタートの時点では何も蓄積がなく、書棚には鉄腕アトム全集が並んではいたが、二足歩行技術として参考になるような文献は世界中探してもどこにもなかった。そのため、研究開発チームは自力で新技術を作り出さなければならなかった。

その後、社内のある天才的な研究者のアイデアで画期的な二足歩行技術が開発され、１９９６年にＰ２という名前で発表した。ネーミングは特別に考えたものではなく、単に開発段階で生まれたプロトタイプ２号だったからである。

数年後、アシモという小柄で愛らしいロボットが世界にデビューする。その時点で二足歩行技術は、世界中でほぼ完璧にホンダの特許網が作られていた。それから今に至るまで世界中のどこの企業からも、これに匹敵するレベルの二足歩行技術を使うロボットは発表されていない。他のロボットはキャタピラや車輪を使って移動するが、人間のようには歩けない。デビュー後、当然といえば当然だが、世界中の企業や大学から連携のオファーがきた。しかし、自社開発技術が大成功すると、社内の気分は連携には消極的になる。

これがもし、時代の気分の違う現時点であればどう企画するだろうか。オープンイノベーション戦略は、20年前より考え方がずっと進化している。それにしたがい、大規模オープンイノベーションを企画するだろう。ビジネスエコシステムに入る企業群を募り、二足歩行技術をキーストーンに置き、プラットフォーム構築を狙う。ビジネスエコシステムに入る企業群は、手を動かす、顔の表情を作る、ＡＩを搭載する、会話ができるなどで、その最新技術を持つ相手を求めて、世界の大学やベンチャービジネスを調査し、実力値の知財評価をする。

さらにビジネスエコシステムの中に流通、エンターテインメント、介護など広範囲のサービスを中心にする企業群に参加してもらい、ソニーのアイボと通信しながら人間の生活を広範囲にサポートするような発展可能性を考えるであろう。企画の中には市場規模の読みもある。市場規模を拡大するには、世界各国から参加してもらうと効果が上がる。自国の企業がオープンイノベーションに参加しているというだけで、好感度が増すからである。

今ならそのようなオープンイノベーションに参加したいという企業が世界中からたくさん出てきて、とてもいい企画ができるに違いない。

3 オープンイノベーション対応組織

連携の意思決定プロセス

2016年の経済産業省のアンケートによると、外部連携をするか否かの判断においては、次の5つを「非常に重視する」と回答している企業が、7割ある。

①　自社と連携先候補の技術的な優位性の比較。
②　自社単独実施の場合と、連携する場合の研究開発スピードの比較。
③　自社単独実施の場合と、連携する場合のコストの比較。
④　連携する場合に、事業化後の役割分担をうまく構築できる。
⑤　連携する場合の知財権の取り扱い。

「参考にする」と回答している企業まで含めると、当然ながらほとんどすべての企業であ

る。また同アンケートで、オープンイノベーションの推進に係る組織・仕組みの問題点・課題として、

① 人員が少なく、活動できることに限界がある。

② 外部の連携相手を探すのが非常に大変である。

と回答している企業が半数以上ある。

これは企業内に、オープンイノベーションに対応する組織はこれまで存在していない可能性を示しており、したがって相手を探し出し、評価するスキルも育っていないことを意味する。対応組織に求められる機能として、技術の切り分けと共有と独占の切り分けができることが必要とされることも、アンケート結果からわかる。

アンケートでは、積極的にオープンイノベーションを推進している企業に対して、オープンイノベーションの阻害要因は何か、という質問もしている。約半数の企業が、次のように回答している。

① 社内と社外の技術の優劣をフラットに比較検討することなく、社内の技術を使う傾

向にある。

②　社内で活用できていない技術をライセンスアウトやスピンアウトで切り出すなど活用できていない。

③　社内の技術が一元的に把握されていない。

④　何を内製化して何を外から取り込むかの全社的な戦略・方針が立てられていない。

⑤　社内に死蔵させて活用できていない技術が多くある。

⑥　外部の技術に関する情報収集がうまくいかない。

⑦　社外の連携の技術、アイデア等を適切に評価できない。

⑧　外部連携に際し、相手先との間で知財の取扱や利益配分等の交渉がうまくいかない。

回答欄に、「どちらともいえない」という選択肢もあるが、迷うぐらいならその要素があるはずなので、その回答も加えると８割にまでなる。これらの阻害要因を一言でいうなら、社内外の技術管理がうまくできない、ということである。

このアンケートが２０１６年に行われた結果であることを考えると、日本企業はまだ外部連携を実は本気で考えてはいない。対応することがそれほど大変ではない理由ばかりで、なんだか言い訳のように聞こえる。

対応組織は情報収集とプランニングをする

オープンイノベーションへの参加は、経営者がリードしないと目標がはっきりせず、最終的にどのような形にするかが見えてこない。オープンイノベーションは経営判断そのものであり、現場で勝手によそと提携するわけにはいかない。まして営業部門は同業間では仲が悪いし、技術者は自社の技術しか普通、頭にない。

経営者がリードするとして、企業のそれ以外の課題は、オープンイノベーションを企画し推進する組織の存在である。

日本の大企業といえどもこれまで外部連携の経験が少なく、研究開発部門や事業部門もできれば自社完結をしたいがために、他社との連携を企画する必要がなかった。日本企業は、自社単独でのビジネスと比較して、実感として外部連携のメリットを感じないのはこれまでの経験が少ないためである。

企業内の研究開発部門は連携せずに、自分たちで開発ができるとして、連携の必要性をボトムアップしない。トップダウンで外部連携を行おうとしても、経営者自身も情報量が少なく、全体のコンセプトの企画、相手の探索、ビジネスプランの検討がうまく進まない。連携に対応する組織がなければ、情報収集力も予算確保もその後の調整スキルも育たない。

こういう場合に、ともすると新しい組織を作ることが目的化してしまうが、外部連携対応組織の行うべきことは、明確である。情報対応と将来のオープンイノベーションの企画である。

社外との連携の前に、社内の各部門が連携する社内オープンイノベーションのようなことも必要である。社内データの多くが社内組織内に閉じてしまっているのが、日本企業である。この社内データの利用可能な状況を作り出すことが、最初の仕事である。

事業部門ごとにそのビジネスの連携先として、飲料、食品、衣類、住宅、車、公共交通、病院、工場、金融、教育など、多様な企業とのビジネスエコシステムをイメージしてみる。連携は基本的にはデータを多数保有し、アイデアのある企業が中核になるので、先にいいイメージを作る企業が全体をリードすることを、頭に叩き込んでおく必要がある。

知財部門の仕事として、他社との共同研究契約、共有技術と独自技術の切り分け、世界の技術動向分析などはすでに行っていることもあり、技術の連携には、すぐにでも対応できる。しかしビジネスの連携については、普通の知財部門では難しい。もし行うとしたら、事業部門と連携をする社内オープンイノベーションが先である。

ホンダでは、知財部門と事業部門の人事ローテーションを15年ほど前から行っている。知財部門に配属になり一定の期間経過後、数年営業部門や事業企画部門に修行に出すプログラムである。その間の人件費や勤務評定は、知財部門で行う。

ここがうまくいくコツであり、ひも付きで離さないでおくのである。他部門での修行から戻ってきたあとにも、営業部門や事業企画部門の所有する社内データにアクセスさせてもらえるよう、先方の部門長と約束をしておく。先方で仕事をすればするほど信頼感が醸成され、部門間の連携にその人の存在が役に立ち、それは会社にとっていいことであると誰もが認識する。こうしたことを通じて、技術の連携だけではなく、ビジネスの連携にも対応できるようになる。

4 ナッシュ均衡を知っておくこと

ア・ビューティフル・マインド

利害の異なる集団が、非協力的な状況においてそれぞれが自己利益を最も大きくするこ

とだけを目的として戦略を選択した場合に生じる均衡状態を、ナッシュ均衡という。

数学者のジョン・ナッシュが提唱したので、ナッシュ均衡と呼ばれる。映画ではラッセル・クロウが演じた「ア・ビューティフル・マインド」がジョン・ナッシュの生涯を描いており、いい映画なのでジョン・ナッシュ本人に対しても好感を持つ。

ナッシュ均衡の概念は広く、企業の行動はもちろん、国家間の競争、軍事拡張、資源獲得競争、価格競争、政治、社会、心理学、生物学などにも応用されている。

有名な囚人のジレンマが、わかりやすい。アメリカの司法取引での話である。

ある二人が共犯の囚人で、二人とも黙秘しているとそれぞれ1年の刑。相手が黙秘しているときに自白した一人は釈放されるが、相手は5年の刑。二人とも自白してしまうと二人とも3年の刑になる。

ここであなたが囚人ならどうしますか、という問いかけがなされる。

相手と非協力で、ノーコミュニケーションだと結局、自白してしまうことになる。相手がどう出るか、わからない。もし黙秘を続けていて相手が自白してしまうと、自分は5年の刑になる。それは嫌だから先に自白しよう。結局、二人とも同じように考え、二人とも自白して二人とも3年、両方合わせると6年の刑になる選択をしてしまう。

もし、二人で話し合って協力すれば、どうなるか。

黙秘すると1年の刑で済むので、相談の上、それなら黙秘をしようとなる。その場合、両者の刑を合わせると選択肢の中で最も小さくなり、2年になる。

このように、お互いに協力するほうが非協力よりもよい結果になることを示すのが、ナッシュ均衡である。

もし、このゲーム理論を知ったあとも非協力であるとしたら、これを理解していないことになる。非協力なのは、これまで自前主義で戦ってきた慣性だけの話ではないか。

もし、ライバルの日本企業と連携するのが嫌なら、連携相手は海外企業でもかまわない。協力は非協力よりも有利になるというゲームの基本を、きちんと理解すべきである。

現段階で世界市場においてシェアが高く競争力の強い日本企業の商品の技術は、まだコモディティ化していないものが中心である。しばらくは、日本企業が持つ技術の強さは継続するであろう。しかし、新しいビジネスモデルでは広く上位の情報を握る者が全体のビジネスをコントロールする。つまり、看守のように見ている者がいる。そこでは強い技術があったとしても、下請け受注生産側の立場になる可能性がある。下請け受注生産側で、互いに非協力的にコストダウンの競争をするのは、囚人なら二人とも3年の刑をくらうという、まずい選択になる。

5 埋もれない新ブランドマネジメント

過去の成功ではなく、未来に何をするか

オープンイノベーションの中では自社のブランドが埋もれてしまわないように、ブランドマネジメントをしっかり行うことが必要である。

企業は独自のブランドを用いて様々な企業活動をしているが、商品やサービスを提供するときだけではなく、広告宣伝や社会貢献活動においてもブランド効果を利用する。これらの企業活動を通じてブランドは顧客から評価され信用を蓄積し、そのあとは顧客のほうからブランドを目印として、その企業の商品やサービス提供を求めるようになっている。

ブランドランキングは、調査会社、メディア、行政などにより行われるが、どこを評価ポイントとして見るかによりランクが変わる。つまり、有価証券報告書、株価、市場アンケートなど、評価ポイントの違いによりランキングは相当違う結果になる。

しかし最近の傾向は、どこの主催によるランキングであるかにかかわらず、最先端技術

研究を行っているという広報活動をしていて全世界市場で万遍なくシェアが高い企業、が上位にきている。

例えば、グーグルの未来志向プロジェクトの発信は、最先端技術を研究していることを強く印象づけるようにしており、そこでブランド価値の上位維持を狙っている。実現するかどうかは不明でも、ロボットカー、無人配達飛行機、空中風力発電、人工神経を応用した音声認識などを、世界のユーザーのために研究しているというメッセージを出すことにより、その企業への共感に結びつき、高い評価になる。

日本企業や米国東部の伝統ある企業は、これまでの長い歴史やそこでの成功を自社ブランドとして過大に評価している傾向がある。つまり、過去の名声の上に安住している。しかし最近のブランドランキングの評価ポイントは、現時点のシェアと将来の成功の可能性であり、過去の栄光はどうやらそれほど関係ない。そうだとすると、日本企業がこれから狙うべきブランドの訴求ポイントは、未来へのチャレンジの姿勢である。

ブランドには、市場やユーザーから企業を見るときの期待が集約されていることになるが、今までは現在の商品への期待が中心である。そこでの期待のありかは商標だけではなく、その企業が市場に提供する商品デザインや優れた技術も、ブランド評価を高める重要な要素になっている。それ自体は、これからも変わらない。それに追加される新しい要素として、未来に何をするか、というメッセージが必要になっている。

世界のファンを増やす

自社のブランドが世界の市場で受け入れられ、評価され続けることにより、ビジネスは成功する。

同じ値段、同じ性能の商品が複数あるときにユーザーがどれを選ぶかは、ブランドへの共感度にしたがう。

ユーザーが以前使用していた商品に満足していれば、その満足感がブランドに化体され、考えもしないでそれを買う。不満足であれば不満足感がブランドに化体されるので、それを拭い去るのは容易ではない。陳腐なイメージができてしまった商標、失敗した製品の商標は、迷わずさっさと変えるほうがいい。

プロダクトブランド、つまり製品名は、製品としての成功が続いている限り長期にわたって使われ続ける商標もある一方で、製品の世代交代や時代変化により新しさを感じさせる商標に変えていくことは頻繁に行われる。世界で新しい商標があまりにも多いので、それに紛れて失敗作はさっさと変えればいい。

6 ブランドマネジメントのテクニック

多すぎるときのコーポレートブランドの利用

知財制度の中で最も簡単に出願でき登録しやすいのが、商標である。出願のための金もあまりかからない。簡単にできるということで、世界中に商標の出願マニアがたくさんいる。あとで誰かが不用意に使ったときに、お金を請求する金稼ぎの連中である。

中国企業も、最近は世界でビジネスを行うためのステップとして、中国文字をアルファベットで作り直した商標を大量に世界に出願し始めている。あまりにも商標の出願が多いため、新たな商標を作ろうとしても、よほどうまく作らないと世界のどこかで誰かの商標とぶつかってしまうことが増えている。

その場合、コーポレートブランドとの組み合わせが役に立つ。つまり、社名を利用することである。プロダクトブランドは社名と組み合わせることにより、新しい商標として登録しやすくなる。

伝統ある企業が長年培った社名は、それだけで個性と情熱を示していると認識されるため、多くの企業が入り乱れるオープンイノベーションの中でも印象は薄れない。一方、プロダクトブランドは商品名にすぎず、この違いは非常に大きい。

世界で商標があまりにも多く、さらにオープンイノベーションのせいで業種が入り乱れてビジネスを行うと、聞き慣れない新しい商標よりも、信用の蓄積した自社のコーポレートブランドに組み合わせることにより、効果を期待できる。

国の商標戦略

コーポレートブランドと同様に、日本のある種の製品、例えば建築とか鉄道車両のように、輸出先の国でこれから勝負が待ち受けているホットな業種には日本的な共通ブランドを冠すれば、海外での展開に役に立つ。

自動車や電機は海外展開の進んでいる業種でいまさら必要はないが、まだそこまでいっていない業種の企業が海外で仕事をするときには、日本的な共通ブランドをつけておけば、市場で勝ちやすくなる。

クールジャパンのロゴもこのような日本的な共通ブランドとして、もっと利用できると思う。クールジャパンは、投資案件では苦戦が続いているようであるが、投資はビジネスへの新規参入であり、失敗はつきものである。そのような苦労の多い投資ではなく、海外に進出する日本企業へのロゴのライセンスを中心に活動するのが本来の役割であり、武家の商法の投資よりもブランドビジネスのほうを、日本企業は期待していると思う。

日本企業のブランド力は、その品質のレベルのよさからきわめて高いのが世界での評価である。日本企業の機械製品は世界中で売れるが、ロングセラーであればあるほど特許や意匠権は期間満了している。

また、ビジネスを展開する国が増えたとき、何も出願していない国も多い。その場合、商標はあとからでも出願できるし、その上で、日本の製品全体をカバーするような日本ブランドの商標を冠することは、競争時に役に立つ。国や業界団体の世界商標戦略として、そのようなことを考えてもいい。

使い方ルール

コーポレートブランドであれ、プロダクトブランドであれ、ブランドの使用基準は厳格にすることが基本である。商標権として登録になっているものよりも、もっと厳格にすべきである。

　商標の登録要件は、単に法律上の要件として識別性があるというだけなのだが、ブランド力は商標の権利範囲どうこうの問題ではなく、自分たちで同一性を決めるものである。したがって色の使い方も限定すべきである。カラー番号を指定し、書体、サイズ、背景色、余白のとり方、表示位置、使ってはいけない場合などを定めた使用マニュアルを作り、自社やグループ会社で統一管理をする。それが曖昧であればあるほど、求心力をなくし、ブランドはどんどん曖昧で印象が薄いものになるであろう。

　特許権や意匠権は、商標と違い、出願した内容通りに使う必要は全くなく、自由に使えばいい。特許権や意匠権は発明や創作の時点で出願をするが、技術やデザインはその後も進化し続ける。商品を市場に出すときに、出願時の技術にこだわる必要はない。もし技術が進化したら、さらにそれをカバーする特許出願を新たにすればいいだけである。

　企業は国際的な活動をする際に、国籍が違う子会社、関連会社を通じて同一のブランドを使いグループ一体として行動することが多いが、その場合のブランドの機能は、グループ会社を束ねるものである。いわばグループ会社全体で一体となってブランド価値を高める活動をしなければならず、ばらばらに行っていては市場の混乱を招くことになる。特に国際的な取引が多くなってくると、ブランドの統一は安心感に直結する。国の商標戦略もそこをサポートすれば、役に立つ。

ブランドの重要な機能は、自社ブランドに似せてくる競合他社や模倣品メーカーの商品を明確に違うものとして区別することであるが、自社グループの海外子会社が変にアレンジした商標を使っていれば、模倣品を排除できなくなる。税関で摘発したら海外子会社が作ったものだった、という笑い話はたくさんある。

企業の商標の使い方ルールと同様、日本ブランドや日本業界ブランドのようなものを作るなら、使い方ルールは厳密なほうがいい。

7 オープン・クローズドの4場面

共同研究開発をする

最初の場面は、1社または複数の相手との共同研究を行う段階である。

共同研究に入る前に相手の選定をすることになるが、選定の際に相手がどのような技術を持っているか、そしてそれを自社の技術と組み合わせることにより、どのような成果を期待できるか、の想定をする。そこで締結する共同研究契約で、研究範囲や分担の取り決めを行うことになるが、どこまで自社技術を開示し、相手の情報の提供を受けるか、そこでまず普通の英語で言うなら、オープン・クローズド戦略が問われる。しかしこれは戦略というほどでもなく、どの企業も行っている普通の話である。

共同研究のスタート時は双方でまだ特許出願がなされていないことも多く、共同研究パートナーといえども自社情報を提供するときには注意が必要であるが、どのようなレベルとタイミングで出願をするかは、業種によって違う。

一般的には自社が希望や仕様を抽象的に述べて、相手側が具体的な解決をする役割分担であれば、実務的には相手が次々に出願できる。抽象的なアイデアだけでは発明者になれない。相手が出願することを積極的に認める場合は、裏の意図に、開発責任や製造物責任を相手に負わせたいときがある。共同研究をすることは、その後、部品取引につながることが多い。部品取引により組み合わせた製品について、もし製造物責任訴訟が起きれば、相手は自分が出願している技術についての開発責任ありとして、求償される可能性が高くなる。

ビジネススタート、他社への売り込み

二つ目の場面は、自社の技術を他社に売り込む段階である。この段階では自社の技術は確立されたものとして、製品展示会や技術見本市などで自社技術の優れた点をＰＲし、相手企業に採用の検討をしてもらう。

他の多くの企業の目にさらされるため、見える部分についての特許出願は完了していなければならない。部品と完成品のマッチング部分については新しい知財が生まれる可能性があるため、マッチング部分の特許出願も自社でおさえる。それだけではなく、相手企業が使いそうな用途についても想像して出願する。

せっかくの自社技術の用途を他社におさえられると、その相手としか取引ができないことになるが、取引先が使いそうな用途もおさえておくと複数の相手と取引でき、自由度が広がる。つまり自社で周辺もおさえておき、ビジネス上では相手に無償でライセンス許諾をすることにより、取引先を拡大する。

この段階のオープン・クローズド戦略としてミスリードしやすい意見は、水平分業は垂直分業に勝るというものである。

この意見は、シリコンバレーの企業が新興国企業に技術を水平展開、つまりオープンに

して発注し、コア技術は自社でクローズドにすることで利益を確保することによって成功したモデルと、敗れた日本の電機メーカーが技術をグループ内にとどめた垂直展開のせいで価格が下げられず競争力を失ったというモデルを対比させ、敗れたのは日本の電機メーカーの垂直分業のせいと結論づけている。

しかし、実際にはシリコンバレーの企業は、歴史が短すぎて自社内に工場を持っておらず、大量受注によって事業を拡大しなければならなくなった段階でやむなく新興国企業に発注しただけである。シリコンバレーの企業と違い、米国の東海岸の企業や日本の大企業は、工場設備を抱えるしっかりした系列グループを持つエスタブリッシュメントが多い。シリコンバレーの企業も本当はそのような系列グループがほしかったのだが、それが手中になく、やむなく水平展開したにすぎない。

日本企業の敗退は、キーストーンになる技術が手になかったことと、投資計画や利益確保要件の設定が甘かったことが理由である。新興国に水平展開したシリコンバレーの企業は、現時点は政治的保護主義のリスクに直面し、それらを引き上げようかと考えている。そうなれば、水平分業が今度は敗れる理由という話になってしまう。

系列メーカーは日本企業がオープンイノベーションを行う際に、最も連携しやすい相手である。それを拡大し、業種を超えた連携にもっていくのが日本企業の現実的なアプローチである。垂直分業を、単純に否定してはいけない。

ビジネスは、現在優位にある企業といえども次のタイミングでそれを維持できるかどうかは、全く不明である。常に成功する方程式などなく、その時代や状況に合うように、各社とも戦略策定にしのぎを削る。敗者にはリターンマッチがあるのだが、水平分業の最大の欠点は、ライバルの芽を作ることである。

シリコンバレーの企業は水平にオープンにした結果、次はその相手から逆襲される。しかし垂直分業の場合は、グループ内での展開であるため逆襲は基本的にはなく、コントロール可能である。

水平分業のほうが望ましいという意見と同じ傾向のものとして、日本企業は第三者からのライセンス収入が少ないので、もっと第三者にライセンスを行わなければいけないという意見が、特許庁などの行政サイドからしばしば発せられる。この意見も、企業をミスリードする。第三者へのライセンスは、将来のライバルを育てる道につながる。もし、第三者へ積極的にライセンスをするのであれば、10年も経たないうちに、企業は自社のシェアがほとんど食われることを、身をもって知ることになるであろう。

市場拡大

３つ目の場面は、完成した技術と製品の市場拡大を狙い、自社の技術をできるだけ多くの企業に使わせる段階である。

市場拡大のために標準化という手法がある。標準化は、デジュール標準、デファクト標準、コンセンサス標準など、どのような形態であっても手段にすぎない。これにより、仲間を増やして市場を拡大することにより、自社の利益が上がるようにする。市場拡大のためには、自社の持つ特許を積極的に他社に使ってもらうようにすればいいのだが、標準化で得られるライセンス料は普通、安い。

知財高裁平成25年（ネ）第１００４３号では、ライセンス料率は規格への準拠に貢献した部分の割合に０・００９５をかけた数とされた。０・００９５は、累積ロイヤルティの上限である５％を、規格に必須となる特許の数の５２９で除した数字である。各特許が重要かどうかの価値判断をせずに集められた件数だけで単純計算するため、必須になる特許の数が多いほど、計算されるライセンス料は安くなる。

もし一社が強力な特許群を大量に持っていて、それを標準技術にしてライセンス料を高くしようとしても、高ければ使う企業は増えない。ライセンス料を安くすれば、廉価な製品が出回り、そちらのほうが市場を奪う。

このような場合の利益確保は、標準技術とは別にその周辺に特許やノウハウがどれだけあるか、にかかっている。そこで、オープン・クローズド戦略が役に立つことになる。標準技術はオープンにしたものであり、周辺技術はクローズドということになる。

標準必須特許のライセンス料の安さは、それを大量に持つIT企業にとっては開発投資の元がとれないという意味で深刻である。実際、5Gの標準必須特許については高くしたいIT企業と安く使いたい実施側企業との駆け引きが現在、水面下で激しく行われている。

標準化について、経済産業省など行政が掲げる日本の活動の成果目標は、技術分野の幹事引受数が増えたかどうかである。しかし企業の指標はそれとは違って、標準技術にしたことにより、どれだけ自社の収益に結びついたかである。幹事のポストを日本人が引き受けても、日本人は公平感や正義感が強く日本企業を贔屓するような運営はしない、という話を幹事経験者から聞くことがある。国の標準化戦略の成果目標は幹事のポスト数ではなく、全体として日本の得る利益を目標とするほうがいい。

知財機能のオープン・クローズド

４つ目は、上記のすべての段階を通じての、知財機能面からのオープン・クローズド戦略がある。

特許は出願国だけで権利が発生し、その他の国にはすべて無償公開になる情報だが、出願は公開されるという点でオープンであり、出願せずに社内にノウハウとしてとどめておくことがクローズドになる。

このあたりのテクニックは各社で工夫されており、特許出願をせずにノウハウにとどめるべき自社の技術のパターンを確立している企業も多い。１件ずつ出願するかどうか迷いながら判断するのではなく、用意されたパターンに当てはめて判断する。

例えば、10年前までは、各社とも競って出願していた材料の種類、選定、表面処理方法、溶液の選択、接触時間、温度勾配、前後処理などは、現在ではノウハウとして出願しない企業が多い。市場に出ている製品から特定できない技術は、結局のところ他社への権利行使はできないので特許出願になじまず、クローズドにするしかない。それを、一定のパターン化する。

また案件によっては、すぐにポイントがわからないような迷彩をほどこして特許出願書類に記載する巧妙な方法もある。こちらは、1件ずつのカスタマイズが必要である。

知財機能のオープン・クローズド戦略は以前から行われており、近年ますます重要になっている。理由は、新興国企業が先進国企業の特許情報から技術を学び、学んだあとも権利者に申し入れをせずに使うことが常態化しているためである。

さらに新興国企業は、先進国企業の特許情報に書かれている技術内容を利用し、それを少し変えて、あたかも自分で発明したように見せて出願する。

例えば、用途の指定や数値を限定して特定の範囲に新しい物性や効果があるようにして出願をする。それをされると、最初の出願の権利範囲に一定の制約が生じることにもなる。こうした手法は研究開発をせずに、書面上の記述だけで操作ができるものだが、新興国企業のチャレンジテクニックとしてはありうることを知っておかなければならない。特に出願をすると政府から高額の奨励金が出る国では、この誘惑は大きいであろう。

知財機能のオープン・クローズド戦略は戦略である以上、各社とも公開はしないのだが、新興国企業対策なども通じて、この20年でとても進化している。

COLUMN

日本語とタミル語

学習院大学の故大野晋教授は、日本語の起源がインドにあるという提唱をした人である。私はこの大学の法学部の学生だった頃、すでに有名人であった大野教授の話をこっそり文学部の教室にまぎれこんで聞いていた。

現在インドの人口の4分の1を占める2億人のドラヴィダ語族という人たちは、主にインドの中南部に居住しているが、彼らの方言の一つにタミル語がある。タミル語は、インドの最も南にあるタミル・ナードゥ州では普通に使う言葉である。このタミル語の文法、音韻、語彙が、日本語ときわめてよく似ており、他の類似する言語と言われるチベット語よりもずっと日本語に近い。近そうに思える朝鮮語は、ずっと離れた言語である。

タミル語と日本語の文法は、語順、関係代名詞の使い方、助詞、助動詞の配列など、ほとんど同じである。助詞は日本語と完全に対応する。発音の共通する単語は500以上あるらしい。畑はパトウカ、田んぼはタンパ、稲はエナ、米はクマイなど、農業に共通する言葉が多い。

詳しくは、大野教授の『日本語の形成』（岩波書店、2000年）などを読んでいただければいいが、類似性の説明にとても説得力があり、ドラヴィダ語族の人たちが紀元前に日本に相当な規模で渡ってきて、日本の各地に定着したことが目に浮かぶような内容である。

私は少し前に、タミル・ナードゥ州のコーヤンブットール市で、講演する機会があった。こういう場合は俄然テンションが上がる。なにしろ比較言語上、日本語の兄弟言葉と言われるタミル語の中心都市に行くのである。現地で本当に確かめてみたいという気になる。

そこでまず、インターネットのタミル語の発音サイトで練習をしてみた。単語をつなげる語順は日本語に似ているが、やはりそれぞれの単語の発音は微妙に違っていて簡単ではない。

タミル語の映画で有名なのは「バーフバリ」だが、みなさんはあれを観て、その中に入って会話できると思うだろうか。私はどこか日本の地方の田舎言葉のアクセントのようには聞こえるものの、会話までは到達しそうにもない。

結果としては残念ながら、現地での会話はほとんど成立しなかった。本章の（1）オープンイノベーションへのトライの中の「連携先としてのインド」の項（91～95ページ）で書いた講演は、このときのことである。


ちなみに、古代から日本に集まってきたのはどのような民族だったのかを調べるとき、言語学的なアプローチは楽しい。

ヌバタマのヨル、という万葉集での枕詞があるが、ぬばたまの夜の更けゆけば久木生うる清き川原に千鳥しば鳴く、というように使われている。ヌバはチベット語、タマはサンスクリット語、ヨルはヒマラヤのレプチャ語で夜のことを指す。古代日本にいくつかの民族が同時期に来てしまい、互いに言葉での間違いを防ぐため、同じ意味の言葉を重ねたらしい。これで意味不明だった『万葉集』の枕詞の多くが、ようやく解釈可能になったと言われる。

最近ではより広く、シュメール語、バビロニア語、古代エジプト語の日本語への影響が調べられており、これらの言語は日本語に強く影響したようである。

私は岩手の出身だが、例えば岩手には平安期の京都の言葉がたくさん残っている。平泉の少し北のあたりでは、トンボのことを今でもセイレイという。『蜻蛉日記』のセイレイである。平安期に、京都から平泉に来た人たちの言葉が残ったのかもしれない。かげろうとトンボは、その昔は同じようなものだったらしい。

その後、平泉と京都の往復がなくなっても言葉は残った。セイレイの話が言語学者により取り上げられたわけではないが、私にとっては田舎ほど古い言語や習慣がそのまま残る、と考える身近な例の一つである。

はるか古代にインドからドラヴィダ語族の人々が大挙して、当時世界の田舎である日本に来て、そこに定着し、日本語に影響を与えた。

今度は日本企業が大挙してインドに進出し、彼らの産業に影響を与える時代なのではないか、というイメージは地理的にもまた歴史的にも広がりを感じさせて、気持ちが大きくなる。

第4章

ベンチャー企業も
パートナー

1 ベンチャー企業に向ける眼差し

大企業の本音とベンチャー企業への不満

日本ではベンチャービジネスやスタートアップ（以下ベンチャー企業とする）の育成が声高らかに叫ばれているが、これからもっともっと力を入れなければならない。私は日本でベンチャー企業育成に力を入れている関係者や地方自治体の話を聞く機会が多く、その努力は尊敬し、支援したいと思う。

ホンダは２０１８年12月に、米国のＳＯＳＶ、フランスの360 Capital Partners、フィンランドのJB Nordic Ventures、中国のYunqi Partnersという4カ国のベンチャーキャピタルに出資することを発表した。世界中の技術をウオッチする手がかりを作ったと言える。私はホンダの最初の米国のベンチャーキャピタルの担当だったので、この活動がより広く世界に展開され、より進化していることをとてもいいと思う。

ＪＲ東日本では、２０１８年2月にＪＲ東日本スタートアップ株式会社を設立し、同年

11月にはイベントを行い、ＡＩを利用した新幹線の混雑予測や自動改札の手荷物検査装置開発などを採択している。自らがベンチャーキャピタルとなるのは、新しい技術の芽を調べておくためには非常に役に立つ。大企業自身の手によるこのような動きは、ＣＶＣ（コーポレートベンチャーキャピタル）と呼ばれる。

普通にベンチャーキャピタルと言うときは、他の事業会社や金融機関、機関投資家などからの資金により有望なベンチャー企業に投資し、上場した際の売却益を狙うのがビジネスモデルだが、ＣＶＣのほうは自社の成長に役立たせることを目的としている違いがある。ＣＶＣをうまく使えば、自社だけでは手が広げられない周辺技術やリスクのある研究開発を取り込むことができる。

福岡市は、日本の経済活性化のためのグローバル創業・雇用創出特区として、ベンチャー企業の支援を熱心に行っている。閉鎖された小学校の校舎をうまく使い、ＦＧＮ（Fukuoka Growth Next）という名前の看板を掲げている。

各教室がベンチャー企業のオフィスで、そこにベンチャー企業が入り、次々にイベントを開催している。資金調達も年間で37億円以上と非常に活発である。校舎の中にはスタートアップカフェという広い共同利用の部屋があり、補助金や法人税の減税、人材マッチングなど各種のワンストップ開業相談を行っている。スタートアップカフェをのぞいてみると、小グループのミーティングが多数行われており、部屋中にビジネス初期特有の熱っぽい空気を感じる。

今後の日本の産業にとってベンチャー企業支援は、もっともっと力を入れるべき戦略的施策の一つである。

日本企業の技術者数は企業にもよるが、多くは全社員の2、3割の人数で、限られた研究開発予算を使い自社商品の改良開発をしている。今までは企業側で企画し、研究開発をした製品を市場に押しつければそれでよかった。しかし、市場からの声が次第に大きくなり、それに合わせて商品を揃えなければ売れなくなっている。さらに業種の境目が小さくなり、他業種との競合や経済連携協定による関税撤廃が進んでくると、自社技術の周囲に常に目を光らせておかなければ、ある日突然現れた新しい技術に足下をすくわれる事態が起きるかもしれない。目を光らせる有効な手段の一つが、ベンチャー企業を見ておくことである。

2015年の米国のベンチャー企業投資額は7兆1475億円あり、日本のベンチャー企業投資額は1302億円である。投資環境の違う米国と比較してもあまり説得力があるわけではないが、米国のGDPのだいたい4分の1程度が日本なので、それから考えると日本のベンチャー企業投資額は一桁少ない。

日本で不活発な理由は、想像がつく。

大企業にはベンチャー企業との提携を推進する部門もない上、これまでの経験では提携の必要性をあまり感じてこなかった。大企業はベンチャー企業をアイデアだけの存在と思っているところがあり、もし同じアイデアからスタートするなら自社の研究開発部門のほうが、よほど早く開発を進められると思っている。

ベンチャー企業側の事情としては、日本のベンチャーキャピタルは企業育成の経験が少なすぎて、いつまでたってもベンチャー企業を育てきれないところがある。大企業にとって、ビジネスの相手として頼りにならなかったのである。

大企業にとっては、ベンチャー企業にお金をつぎ込んだとしても、その経営に少し影響力を持つだけである。投資額にもよるが、影響力というのは情報を早く知ることができるという程度のことで、ベンチャー企業に対して業務指示や人事の指示は普通しない。まして他社がもっと大きい金額を投資していれば、相対的に自分の発言力は弱まる。したがって、ベンチャー企業の運営を見ていて、歯がゆくても手出しをするには限界がある。

投資がその程度の影響力しかなければ、むしろ投資をせずに秘密保持契約を締結してベンチャー企業と共同研究をするほうがいいという判断もありうる。

共同研究によりベンチャー企業のアイデアや情報を聞き出し、場合によっては秘密保持契約に違反しないように、つまり公知資料を探せばそのアイデアは公知であると言えるのだが、自社で開発を進めるほうが現実によほど早く成果を手にできる、という短絡的な考えもある。大企業は普段から厳しい競争にさらされているために遅いことに我慢できず、早く自分の手で成果を生み出すほうがいいと考えやすい。

ただ、大企業からベンチャー企業に対して、そのアイデアは公知資料があるので秘密性がない、ということをいくら説得しても、ベンチャー企業にしてみれば大企業にアイデアを盗まれたという死活問題になる。ひ弱なベンチャー企業相手に、大企業はそのようなことはマナーとしてしない。そのため、大企業から見れば歯がゆい状況が続く。

ベンチャー企業はともすると、人事の内紛や資金ショートにより挫折することも多い。挫折されると、ベンチャー企業への投資は無駄になる。

その場合、大企業内で担当した者は、投資した金額を取り戻せないという内容の社内稟議書を作り、その金額を損金処理しなければならなくなる。金額が大きいと失敗の理由を書き連ねて経営会議で報告するのだが、数億円つぎ込んだあとで挫折されると、さすがにため息が出るであろう。

仕事の評価の問題もある

余談だが、日本企業の伝統的な人事評価は、失敗せずに大過なく過ごすことで評価され、出世できる。

これが日本の伝統のように思えるのは、太平洋戦争の海戦での行動パターンの例がある。ハワイ沖でもミッドウエー沖でもレイテ沖でも、決戦の正念場で日本艦隊はなぜか戦場に突入せずに途中で引き返している。引き返す判断をした理由として、艦隊司令たちは、ここで艦を失うと人事評価で失敗したとして減点されるため積極攻勢に出られなかったのではないか、と言われている。失敗が減点になり、失敗していない同期が先に昇進したらしい。それが本当かどうかは、ここではどうでもいい。そういう言われ方をするのは、もっともらしいからである。

ちなみに米国海軍では、平時の人事評価システムは戦時には適用せず、たとえ艦を失おうが積極攻勢の人物を抜擢し評価したそうである。

失敗を減点するような人事評価は、日本企業の中でも雰囲気として依然ある。いい研究成果が生まれたとしても、設備投資や事業計画の規模が大きければ失敗のインパクトも大きくなり、それを恐れる上司からゴーサインがちっとも出ないという話がある。その上司としては、失敗すれば会社の大金を失ったことで自分は減点になる。もし他社から同じような製品が出て他社が大成功しても、それは他社の話にすぎず、自分とは関係ないため減点されない。

長々と書いたのは、ベンチャー企業を担当する者は、失敗はまず避けられないからである。失敗をしても、チャレンジしたことを評価するような制度であればいいのにと思う。

企業のトップが最近のブームに乗って、ベンチャー企業を活用すべしと指示を出しても、現場の動きが鈍いのは直感的に失敗する可能性が高く、減点されることを知っているのかもしれない。それを打ち消すには、企業のトップはベンチャー投資は失敗してもかまわない仕事であると明確に発言するほうがいい。

ベンチャー企業への不満解消

ベンチャー企業の内紛をなくすためには、ベンチャー企業は人間関係や仕事のレベルを引き上げること、統括するベンチャーキャピタルは資金提供だけではなく、経営に介入し企業としての育成を図ること、その二つが改善されればいい。

ベンチャー企業がうまくいく第一歩は、企業経営をきちんと行うことである。

ベンチャー企業は最初のアイデアが優れていると、夢がふくらみすぎて地に足がつかなくなることが多い。

技術さえよければ採用されるはず、量産までのプロセスは何とかなるはず、アイデアは新規なのでＩＰＯ（Initial Public Offering：新規公開株）では魅力があるはず、と思い込む。

企業人ではないアカデミアや官公庁出身者に、夢見る乙女のような人が多い気がする。私も米国のベンチャーキャピタル主催のベンチャー企業のプレゼンテーションを聞き、商品開発や知財の質問をしたが、実務的な質問にうまく答えられない人は、たいがい明るくて好人物丸出しのアカデミア出身者たちであった。

ベンチャー企業の弱点について大企業側がサポートしようと思い始めると、大企業はいっそのことベンチャー企業を買収して、社内ベンチャーにしてしまうという手もある。

世界でベンチャー企業の買収に熱心なのは、言わずと知れたＧＡＦＡである。グーグル１９０社、アップル80社、フェイスブック60社、アマゾン60社がこれまで買収した企業の数である。彼らは間接的に影響を持つのではなく、直接自社に取り込み、成果を確実に手中にするようにする。自社の技術者だけではなく、世界の技術者をリソースとして考えるのは将来の競争に負けないための布石であり、数の多さと目の付け所は、さすがというしかない。

2 新興国の知財融資はベンチャー企業育成のため

知財評価による資金確保

スタート時のベンチャー企業は社員の給料も払えないので、銀行などから融資を受けないと前に進むこともできない。

アイデアや初期の知財しかない段階で、銀行からお金を借りるのは大変である。日本の銀行は自らお金を持っているわけではなく、預金者から預かったお金を融資する。そのため取り戻せなくなったら銀行にとっては一大事であるため、彼らは貸し倒れがないように融資には非常に慎重になる。そこが、投資と違う融資の限界である。日本の銀行は、投資の練習を歴史的にはしてこなかった。

銀行はベンチャー企業の知財を評価し担保としておき、いざとなったらその知財を換金して穴埋めしたいところだが、銀行には知財の評価をするスキルがほとんどない。

例えば、特許庁には、知財ビジネス評価というサービスがある。これは特許庁が行うのではなく外部の業者を紹介するものだが、銀行はそれを頼りにする。そこでの評価は商標ならまだしも、特許を担保として評価するのは難しく、特許自体を評価するよりも、返済の原資となる事業キャッシュフローをどれだけ支えられるか、という観点で特許を評価している。日本では、特許は担保として扱われていない。

実績データを見ると、２０１１年以降では豊和銀行、千葉銀行、山口銀行などの地方銀行がベンチャー企業に融資しており、それ以前では日本政策投資銀行が１９９５年から２００８年までの間に約３００件、２００億円の融資をした。しかし、２００８年以降は１件のみである。

ベンチャー企業育成といっても、金がなければスタートも育成もできない。私もいくつかの都市銀行から招かれて知財評価や知財融資の話を何度かしたが、彼らも関心はあるものの、打開策があるわけではないといったところである。都市銀行は、自分たちで担保の特許を使えるわけでもなく、事業キャッシュフローを支える観点での知財評価をしたといっても、それを実証するスキルもないので、結局知財融資には消極的である。しかし、金融が熱心になってくれないと、日本のベンチャー企業育成はいつまでたっても停滞する。

中国とシンガポール、ベンチャーの知財評価

中国の知財融資は、データ上では非常に活発である。国家知識産権局が2008年に特許を担保にした融資をスタートして、2008年から2013年までの5年間で1兆208億円を知財評価により融資した、と公表している。データでは、山東省の企業の中国特許110件と中国商標34件に1200億円の評価をした、という記載もある。1件で10億円の価値ありとする特許がどのようなものかは、番号も何も示されていない。

中国での知財融資は政府指導による企業育成政策であり、焦げ付いたときには政府が損失補塡をする裏がある。補塡額は相当に大きいと思うが、そこは中国らしく公表しない。これも、表面的なデータを鵜呑みにすると間違う例の一つである。中国では知財融資が活発であるとして、単純に日本と比較してはいけない。

シンガポールでは、知財庁が2014年にプログラムを作り、3社ある指定評価会社によって特許の評価を受けてから融資を申し込む。その後シンガポールの地元銀行がシンガポール法人に対して融資をし、回収できないときには銀行と政府で損失を補塡する。シン

ガポールでは、損失は政府が補塡します、と堂々と宣言をしているため、データが嘘っぽくない。

シンガポール政府がそこまでして知財融資をする理由は、ベンチャー企業を国として育成する政策を現実的に考えて実行しているということである。銀行が焦げつきを恐れて逡巡するなら、政府がバックに入るという現実的なプランである。シンガポール政府はオーストラリアなどの知財評価のエキスパートの意見を聞いて、正面から知財評価に取り組んでいる。

シンガポールを見習い、マレーシアやインドネシアなどのＡＳＥＡＮの他の国でも同じようなシステムを採用して、ベンチャー企業育成にチャレンジしている。そこには自国のベンチャー企業を育成したいという国の明確な意思があり、実効性がある。世界中からベンチャー企業が集まってくる可能性が大きい。

ただし、政府補塡は、日本では難しいだろう。

というのも、ベンチャー企業の失敗のツケを税金で負う理由を説明しきれない。

特許庁の知財ビジネス評価書といっても特許庁自身が評価するわけではなく、単に外部の業者を紹介するというだけのことなので、特許庁の施策というほど腰が据わったものではない。評価結果により銀行融資が失敗したとしても、政府がその責任を取るシステムになっていないのである。

そのような日本の状況下で、それでもベンチャー企業育成のための投融資を考えるならば、米国のやり方が参考になる。

3 米国の知財融資はなぜ成功しているか

米国が使う3つのカード

コダックは知財を抵当にして、銀行から1000億円を借りることができた。

米国では、特許全体の20％に抵当権が設定されているようである。その抵当権はベンチャー企業の育成が目的ではなく、基本的には大企業が業績悪化時に融資を受ける目的のものである。

現時点で、特許を抵当にした資金の借主のトップは、GM（ジェネラルモーターズ）である。

これを聞くと、ＧＭの経営は大丈夫なのか、とＧＭに友人の多い私はふと思うが、企業が銀行から融資を受けるのは当たり前のことなので、危ないということではないだろう。米国での融資側は、ＪＰモルガン・チェース、バンク・オブ・アメリカ、シティグループ、ドイツ銀行などの超一流銀行である。

米国で知財融資が発達した理由は知財評価方法の確立、貸し倒れリスク低減サービス、貸し倒れのときの流通市場による資金回収の確実性、この３つのカードが揃ったことである。

このうち知財評価方法は、米国知財訴訟においてダメージエキスパートたちが、損害賠償額を高くする試みの中で形成されていった。ちなみに日本には、ダメージエキスパートという専門家はいない。

貸し倒れリスク低減サービスは、例えば知財を評価し回収確実な金額を算定の上、銀行に保険を提供し、貸し倒れのときは知財を引き取り自ら市場に出して金を回収する、といった仕事である。サービスエージェントとしての彼らの活躍が、知財評価による銀行融資を安心なものとして支えている。これも日本にはない。

最後の出口として、企業が手放した知財を換金できる健全で客観性のある流通市場ができていることが大きい。

この3つのサイクルがあることにより、知財を担保として融資をすることに銀行が積極的になり、発展した。

あなたもエンジェルに

ベンチャー企業の育成は、銀行の融資と同時に投資家の役割が大きい。融資は低金利で金を貸して回収を確実にするが、投資はハイリスク、ハイリターンを目指す。

ベンチャー企業への投資は、主としてベンチャーキャピタルとビジネスエンジェルが対応する。ベンチャーキャピタルは、ベンチャー企業に投資する大企業との仲介をする斡旋の仕事をする企業である。ビジネスエンジェルは個人の投資家であり、直接ベンチャー企業に投資をする。

ベンチャーキャピタルは通常1億円以上のレベルの投資であり、ビジネスエンジェルは、1000万円レベルの投資である。ビジネスエンジェルは、小さくてもこれから可能性のあるベンチャーの裾野を広くサポートしている。

ベンチャーキャピタルの投資先は米国で3500社ほどあり、ビジネスエンジェルの投資先はその10倍以上の5万社を超えている。ベンチャーキャピタルもビジネスエンジェルも、それぞれ総額では３兆円ほどの投資をしている計算になる。

小さなベンチャー企業の経営者にしてみれば、自分の親や親戚に借りられるお金もあまりなく、大企業からの投資を受けるにはまだまだ不十分という段階のときに、天使のごとく光に満ちて札束を持って現れるのが、ビジネスエンジェルである。

ただしこの天使たちは、投資の見返りはしっかり要求してくるのでボランティアではない。成熟したビジネスとして行っているのである。

ビジネスエンジェルは、米国に30万人いる。日本では８００人ほどである。数字をちゃんと見てほしい。日本の経済規模からすれば、日本に米国の４分の１の８万人近くのビジネスエンジェルがいてもいい。日本で「みなさん、退職金をエンジェル資金にしましょう」キャンペーンがあってもいいかもしれない。

4 知財評価、融資、流通市場の3点セット

米国のいいところは真似するに限る

米国を羨ましがってばかりいても仕方がないので、もっと日本ができることを考えなくてはいけない。

日本で知財融資を発展させるには、知財評価、融資、流通市場の3点セットがあれば役に立ちそうである。

地方企業、中小企業、ベンチャー企業が知財により融資を受けられれば、彼らは競争に勝つチャンスが増え、日本の産業全体で彼らの力を期待できる。

また、コダックの事例のように、大企業においても経営危機のときに知財を担保として資金繰りができれば、生き延びられるチャンスは広がる。

知財をたくさん保有していても金に結びつかなければ、企業の知的資産といっても名ばかりでしかない。

融資などでスキルを磨き、知財が適正に評価されることの副次効果として、日本の知財の価値がより高く評価されることが期待できる。

日本の知財侵害訴訟では、損害賠償額が低いと言われる。ダメージエキスパートのような専門家がおらず、日本の弁護士も日本企業も知財が侵害されたとき、自社の損害がはたしてどれほどあるのか、という評価手法を持っていないのが理由の一つである。それには、融資に際して知財を評価する経験が少ないことも影響している。知財の適正な評価手法はどうすればいいか、日本ではもっと研究する必要がある。

そのため、知財融資に大手都市銀行の積極的な参加が必要である。

あらゆる産業の中で大手都市銀行はリスクに対して最も慎重なので、大義名分や日本の産業のためという理由では、これからも参加しないであろう。

そのため貸し倒れリスクを低減するサービスの導入、その場合の保険の提供、事業に失敗したときの知財の引き取り、引き取った知財の流通市場への提供、換金可能性を高めるなどの環境整備をしなければ、前に進まない。

貸し倒れリスク低減サービスを作るとしたら、米国の成功例を参考にして、そこでビジネスチャンスを見出せばいい。この本を読むみなさんの中から、このようなサービスビジネスにチャレンジしてくれる人が現れてくれるといいと思う。

透明な知財売買情報が必要

日本に特許流通市場はできていない。過去にもあった。また、一時

特許流通フェアなどで市場を作ろうとする試みは、過去にもあった。また、一時鳴り物鳴り物入りで日本に進出したyet2.comなどのインターネットでの知財売買仲介業もあった。しかし過去の試みは、だいたい失敗した。理由は客観的な知財評価ができていなかったことと、売買のニーズが乏しかったことである。

売買のニーズは今、増えている。

売り手の中心は日本の大手電機メーカーで、買い手は新興国企業やさらに転売を目論むNPE（不実施主体）である。しかし残念なのは、売り側の会社名は公表されず、取引金額も明示されないことだ。したがって相場は形成されず、取引の主役がどこの誰か不明で、流通市場形成に結びつかない。

この点が、米国の流通市場との大きな違いである。

米国で知財を売るのは経営破綻した企業や業績不振のNPEで、買うのは事業拡大している企業が自らの特許力を補うため、という例が多い。

そこでの売買の企業名と金額は、はっきりと明示されている。

市場に透明性があるため相場が形成され、売るにしても買うにしても、誰もが売買に参加できる情報がある。

日本で特許流通市場を活性化させるには、市場に透明性を作ることも必要である。

大学発のベンチャー企業

日本の大学が関連するベンチャー企業は、経済産業省のデータによると２０１７年では２０９３社あるという。

含まれるベンチャー企業は、大学の研究成果に基づく特許や新たな技術・ビジネス手法を事業化する目的で新規に設立された研究成果利用のベンチャー企業だけではなく、共同研究ベンチャーとしてベンチャー企業の持つ技術やノウハウを事業化するために大学と共同研究等を行ったベンチャー企業、技術移転ベンチャーとして既存事業を維持、発展させるために大学から技術移転を受けたベンチャー企業、学生ベンチャーとして大学と深い関連のある学生ベンチャー企業、関連ベンチャーとして大学からの出資があるベンチャー企業、その他の大学と深い関連のあるベンチャー企業が含まれる。

その他の大学と深い関連のあるベンチャー企業が含まれるというのは曖昧で、水増しの感もあるが、数を多く表示することにより、大学としてはベンチャー企業を生み出すために期待された自分の役割は果たしている、と言いたいところであろう。

大学発のベンチャー企業といえども、その後の育つ段階では、大学は融資をするわけではないので、途端に経営が大変になる。

そのため、知財評価、融資、流通市場の3点セットはこの場合でも必要である。

5 新グローバル産学連携

海外大学への委託

大学発のベンチャー企業だけではなく、日本企業にとってオープンイノベーションの有力なパートナーとして日本の大学がある。

日本のグローバル企業は世界各地で活動しているので、海外の大学との接点は必然的に多くなる。現地で工場を作り、生産・販売するために現地政府との接触も多く、現地大学への寄附講座などを求められる。そのようなときには、積極的に海外の大学の支援をする。ホンダは多くの国でビジネスをしているが、北欧ではこの大学、中近東ならこの大学というように、各国の大学がどのように産学連携をしているか、おおよそのところは調べていて、必要に応じ共同研究を行い、その成果を取り入れた商品をそこで販売する。何しろ、その国の有名大学が商品技術をバックアップしていることになると、現地の販売促進ネタとしては強力である。

そのように日本企業で海外の大学と取引をしているところは、日本の大学と海外の大学の対応の違いを肌で感じている。最も大きな違いとして、日本の大学は自校のライバルとして日本の大学しか見ていないように思う。

その点、海外の大学は、潜在的なライバルになりうる世界の他の大学をよく調べているところが多い。そして、受注競争に勝とうとして、そのライバルに勝てるように変革する。

変革の内容として、研究設備は最新で規模が大きいほどよく、経営者やマネジメントはビジネスを理解しているほどよく、人事評価は優秀ならフリーランスも含めて外部の血をどんどん入れるというもので、当たり前の内容だが、そうしないと世界の競争に勝てない。

カリフォルニア州立大学、私立スタンフォード大学、それに英国立ケンブリッジ大学が、産学連携では世界の大学が羨む成功モデルである。世界中のビジネス志向の大学はそれを横目で見ながら、真似できるところは真似する。

具体的には理事に産業界のトップを多数招き、教育とは別に経営の観点で研究内容や成果を評価する、産業界のニーズによって学部などの体制変更を柔軟に行い、それにより人材輩出を行う、外部資金の獲得実績に基づいて研究者の入れ替えを行うことなどである。それを情報公開し、透明性を担保する。

識者による日本の大学への辛口コメント

日本の大学の実情として、2016年12月に野依良治氏が政府の委員会で指摘した内容が資料として公開されている。野依氏は、「大学人事があまりに内向き、密室、場当たり的で公正感に乏しく、不透明であること、教員採用は法人として大学が行うべきで年配の教授個人によるものではないこと、(講座は) 封建的旧制度のままである」と厳しい指摘をしている。外部の我々が思う以上に、日本の大学は古い体質なのかもしれない。

委託研究を企画し、海外の大学にそれを受けないかと打診すると、関心のある大学は、とても魅力ある企画書を作って送ってくる。

我々に任せてくれれば、ここまで成果の達成の保証をし、そこから先はチャレンジ目標を設定し、何とかクリアしたい、途中のマイルストーンはいくつかに区切って報告をする、といった詳細な企画書である。研究者として記載されている人の経歴書は、主たる論文や特許出願がこれでもかというほどリストアップされている。

海外のビジネス志向の大学は、驚くほど設備が充実している。比較的よいと言われる日本の大学と比較しても、その差は大きい。これは企業からの資金を獲得できているからで、その大学の「企業努力」の結果と言える。

その結果、学生も集まり、研究の人材も確保できる。そして、実際にやってみてその通りチャレンジ目標をクリアしてくると、信頼度は一気に高まる。そうなると、次のテーマでも委託を考える有力候補として社内データに記録される。

文部科学省が指導しすぎる

日本の大学が文部科学省のガイドラインに従っているだけなら、海外の大学との受託競争で勝つのは難しいように思う。

企業と大学の間の柔軟であるべき取引契約も、日本の大学では管理部門の担当者が企業との交渉窓口になり、契約の雛形は文部科学省の指示なので変更できない、という決まり文句を言う。彼らは単に窓口なので、技術テーマや研究内容に合わせて柔軟に変更する権限がない。

契約は相手により、研究内容により、条件がどんどん変化するのが普通である。もし、日本の大学が本気で産業界の資金を受け入れ、設備や研究者を充実させ、研究の蓄積を増やし、産学連携を活発にしたいと望むなら、雛形を適用したかどうかということではなく、実際にその契約条件で海外のライバルに勝てるかどうかを考えなければならない。

日本企業が日本の大学に委託研究費用として支払う金額は、年間で７５０億円ほどである。全体の委託契約件数で割り算をすると、１件あたり２５０万円程度でしかない。その金額は奨学寄付金のレベルであり、わざわざ研究テーマを設定する研究委託というほどではない。

日本企業が海外の大学に委託した金額の合計を行政の資料で調べようとしたが、そのデータは見当たらなかった。私の経験では、１件あたり数千万円から数億円といったところである。

日本企業は、将来日本の大学の卒業生が日本企業に就職することを考えて、ある程度のつながりを日本の大学と持っておきたいという理由がある。その場合は、研究成果を期待することよりも優秀な学生を探すことが目的となるが、その目的での２５０万円は手頃な金額である。それはビジネスではなく、人材確保のためでしかない。

日本の大学が海外の大学に勝つ作戦

日本の大学が世界の大学との競争に勝つ作戦としては、例えば産業界からの受託研究を積極的に希望する大学に手を挙げてもらい、特別に強化する方法がある。

海外の大学の受託の仕方などの現場情報を徹底的に調べ、それに負けない体制を作るのである。企業資金の獲得に積極的な大学とそうでない大学に分けて、メリハリをつけてビジネス志向の大学を育てていけば、そこは海外の大学との競争に勝てるはずである。

大学の産学連携本部長というポジションは、日本的な人事の通例で一、二年しかその職に留まらず、改革が難しいという事情があるらしい。それなら、産学連携本部にマネジメントのベテランを雇えばいい。

例えば、米国の大学で行っているように、経営のプロを呼び込むのである。契約交渉は管理部門の担当者が文部科学省の雛形通りに頑固に行うのではなく、米国の大学のように弁護士とまではいかないものの、契約のプロを雇い、研究テーマに合わせた満足度の高い契約をカスタマイズして作ればいい。

今後、世界のオープンイノベーションに日本の大学が参加して、そこで頼られるキープレーヤーになるには、世界のライバルを蹴落とすだけの準備と作戦が必要である。企画書作成のテクニックの勉強やインブリードだけではない外部研究者の採用、研究体制強化、マネジメント強化は、その準備である。

日本でのオープンイノベーションにおいて、日本の大学のパワーへの期待はとても大きいのだが、まだあまり軌道に乗っているとは思えない。むしろ海外では、大学の研究の統括コントロールのような次の展開への着手を始めているので、それを参考に焦らないといけない。

例えばドイツの大学は、産業競争のサポートのために企業間で協調して行うべきインフラのような部分を担当する。つまり、企業の間で無駄に争う必要がない領域は、大学が中心になり、社会全体のために解決するということで、合理的である。

中国のAI関連技術を特許出願件数の多い順に見ると、中国国家電網公司が筆頭だが、北京大学、南京大学、浙江大学、西安電子科技大学など、上位のほとんどが大学である。AIは共通インフラ基盤として、企業がバラバラに担当するのではなく、大学が担当するようにコントロールされているらしい。中国の大学は自らが特許を実施するものではなく、企業にライセンスをする役回りであり、中国企業がバラバラに非協力で研究開発投資をするより、大学が協力関係のもとで生み出した成果全体を、中国企業は使用料の範囲で安く使えることになる。

日本のＡＩ関連技術の特許出願件数の順位はＮＴＴ、ＮＥＣ、日立、ソニー、富士通など企業がずらっと並び、日本の大学は上位には全く出てこない。

こういう場合に日本企業が争えばどうなるかは、過去の教訓がある。日本の電機会社は互いに非協力で開発するので同じような内容の日本の特許出願があふれかえり、日本国内では他社特許を回避するために、設計がみな窮屈になってしまい、全体として利益が最も低くなる。ナッシュ均衡の理論通りである。

日本全体として考えると、共通基盤技術のようなものは大学が引き受けて積極的に産業の支援をするような役割を担ってくれると、国の競争力は間違いなく上がる。

日本の産学連携強化は20年前から叫ばれているが、実態はあまり変わっていないように見える。日本の大学が海外の大学に勝てるように個々の工夫をすると同時に、日本全体で産学連携大戦略を作れば、もっと勝ち目が増えると思うのだが。

6 ベンチャーの利用、社内も社外も

社内新規事業はどこでもやっている

社内でベンチャー立ち上げ、または新事業開発を行っている企業は多い。

2013年に野村総研の行った新事業創出支援に関する実態調査のアンケート結果によると、売上1兆円以上の日本企業の約2割が自社内にベンチャー制度を設けているという。ソニーのビジネスデザイン&イノベーションラボラトリやパナソニックのスピンアップ・ファンドというように、名前をつけているところもある。

名前がなくても実態としてすでに社内の新規事業開発がある企業は、アンケートでは社内ベンチャー制度ありと回答している。

社内ベンチャーは、社内にいる限り研究開発プロジェクトの一つとして、普通に人事部門や総務部門などの社内の間接部門がサポートする。それは大きな強みである。

役に立つ進化ステップの判断基準

社内であれ、社外であれ、ベンチャーの進化のステップについて、米国のベンチャーキャピタル協会がとてもわかりやすい説明をしている。このようないい情報は、日本でもすぐに参考になる。

ステップとして、4つに分けて考える。

スタートアップの試作品段階、アーリーステージの完成品段階、拡大の初期事業化段階、そして量産産業化段階の4つである。それぞれが目安として1年半の期間であり、4つのステップ終了まで6年、そこで花が咲くように全体が構成される。

この期間設定は目安ではあるが、それより遅れている場合には何らかの言い訳が必要になるので、フォローしやすくなる。

ベンチャー企業の場合、スタートアップの試作品段階とアーリーステージの完成品段階はまだ事業前なので自らの資金力がない。そのため、政府の助成資金やビジネスエンジェルの資金を頼りにする。もしこれが社内ベンチャーであれば、資金の心配はない。

開発の終盤にさしかかり完成品が有望そうであれば、ベンチャー企業には、その段階でベンチャーキャピタルの連中が目をつけてくる。そこで見事、彼らのお眼鏡にかなえばベンチャーキャピタルが大きな投資をしてくれる。

ベンチャーキャピタルは、大企業のベンチャー投資担当者を集めて完成品や技術を紹介するが、ベンチャー投資担当者は技術の評価をする。その仕事は、技術部門や知財部門が常日頃から行っていることの延長である。財務部門の出番ではない。

投資をするときに見るのは、技術や製品の完成度である。投資をする意味は、早い段階で情報を知ることができることにある。したがって、あまり大きい金額を投資する必要はない。ベンチャー企業にとっても、まだ事業のステージに上がっていないのに大きすぎる金額が手に入ると、無駄に設備や要員を増やすなど、失敗する恐れが大きくなる。

その後、ベンチャー企業が事業化をする段階で、追加の投資をするかどうか判断する。追加投資で大企業側が検討するのは、自社と連携してシナジー効果がどれだけあるかである。いい製品ができたとしても、シナジー効果がなければ自社のメリットはあまりなく、投資による利益という金だけの話になる。日本企業はあまりそういう興味はないようだ。

私は30代の約10年間、株式会社本田技術研究所基礎技術研究センターの初期段階の研究企画、特に二足歩行ロボットやビジネスジェットなどの企画に携わった。それは、社内ベンチャーの育成に近い仕事であった。

そこで得た経験としては、社内ベンチャーは経営者が相当に手をかけて保護しなければ、途中の段階で挫折し、結果として消え去るものがとても多いというものである。最終的には成功した二足歩行ロボットやビジネスジェットでさえ、何度も挫折しかけたのだが、ホンダでは特にトップの意思が明確だったのが、成功の要因として最も大きい。

その後、私は米国のベンチャーキャピタルの担当になりベンチャー企業への投資を何件か行ったものの、あまり成果を得ていない。投資してもその先で成果が出るまでには時間がかかる上、せっかくいい新技術があっても、彼らの内紛や分裂によりダメになることがある。米国のベンチャー企業は、生まれる数も多いが失敗の数も多い。

知財部門の者がベンチャー企業への投資を担当するのは、企業内では合理的である。ある程度、技術を評価できる上、相手と自社の知財の区別と各種契約条件への対応ができる。日本のオープンイノベーションのために、日本のベンチャー企業を育てるという意識を持って大企業の知財担当者がその仕事を行うならば、日本全体の底上げのために役に立つ。

ベンチャー企業の育成は、一種のチャレンジである。

失敗することも多いが、大成功してユニコーン（企業価値10億ドル以上の非上場のベンチャー企業）になるものも稀に存在する。ユニコーンを育てることに関与できたら、自分も神話に関与したと、年をとってから孫に自慢できるはずである。

第5章

世界のリアル

自動車産業の近未来

アップル、グーグルと自動車会社

自動車は、ＥＣＵ（Engine Control Unit：システム電子回路を用いて制御する装置）を約１００とソフトウエアを約３００使い、それらがセンサーから得る情報を利用して、アクチュエーターを駆動させて動くように構成されている。自動運転では、それが一つのＧＰＵ、すなわちグラフィカル・プロセス・ユニットとソフトウエアに置き換わって、統合コントロールされることになる。

自動車のカーナビは、今のところ常時通信により道路の最新情報を得ているわけではなく、入力済みの道路地図によって表示されている。常時通信を行い、最新情報を得るのが目的なら、スマートフォン（スマホ）のほうが優れている。

スマホでカーナビを操作しようと考えているのは、Car Play、Android Auto、Smart Device Linkである。スマホの性能がいくらよくても、アップルやグーグルは自ら自動車を製造しようとは、あまり考えないであろう。

カーナビがスマホに変わる延長線上に、自動運転がある。目的地に辿り着くための設定をすれば、道路や周囲の景色、交通の最新状況をセンサーで把握しながら、運転者の代わりにGPUとソフトウエアでコントロールする。突然の雪や雨で景色が変わるときに対応できるかどうかは、GPUの性能次第である。

自動車関連の特許出願は、内燃機関などのパワープラントよりも安全性能や車体関連のほうが割合としては多いのだが、その技術領域はアップルやグーグルの勝負領域ではない。もし彼らがその特許網を乗り越えてまで新しく車を作ろうとしたら、どこかの自動車会社を買収することになるだろうが、一社を買収するよりも、多数の自動車会社に自社のソフトウエアを提供する取引方法を選ぶのが、ビジネスとしては現実的である。

アップルもグーグルも自社のソフトウエアはクローズドの領域であり、手放したくない。オープンソースにするなど、もってのほかである。ホンダとグーグル系ウェイモの提携交渉がうまくいかなかった理由は、どちらがそれを取るかのバトルのせいであろう。

自動運転のソフトウエアのAutowareが、名古屋大学発のベンチャーであるティアフォーにより、公開されている。これは無料で使える。ティアフォーは日本だけで活動せずに欧米の企業と提携し、実証実験を繰り返しながら進化させており、もしこれがうまくいってLinuxのオープンソースソフトウエアの市場浸透のようなパターンを辿るならば、この分野で大きな成功を収める可能性がある。

トヨタから、e-Palette Conceptが２０１８年に公表されている。これは、車両制御インターフェイスを開示し、他社開発の自動運転制御キットを搭載可能にするもので、アマゾンやウーバーなどと提携し、すでに実証実験を進めている。この先は、資本関係のあるマツダ、スバル、スズキ、ダイハツ、日野の日本連合で自動運転の開発を進めるであろう。ホンダは、ＧＭと完全自動運転のレベル５を目的として２０１８年10月に提携を発表しており、どちらかというと米国系連合である。

日産はルノー、三菱自動車連合なので、もともとが欧州系連合であるが、関係を継続するかどうかは、ご難続きで先行き不透明である。

日本の自動車会社は数が多いこともあり、日本で固まる必要はあまりなく、それぞれがグローバルに提携して進めるのが、サバイバルとしてはいいように思う。

自動運転の法的責任

レベル４の完全自動運転を想定して、法的責任問題の議論が世界中で始まっている。

これまでの民事損害賠償責任は、過失があることを前提にして組み立てているが、その前提を維持して運転者に責任を押し付けるとしたら、完全自動運転でも、運転者が常に状況を把握し緊急時に対応する義務があるように、構成しなければならない。そこでもし事故が発生した場合に通信障害が証明できれば、通信の基地局や業者の運営の責任を問い、GPUの作動不良やソフトウエアの不具合のときには設計者の責任を問うように構成することになる。

完全自動運転では運転者は不要なので、責任を運転者にというわけにはいかず、責任をソフトウエアの設計者に押し付けることも考えられるが、相当因果関係がどこまであるかは不明である。もし完全自動運転を社会として許容しようというなら、社会全体で損害を補塡することもありうるが、社会全体による補塡とすると交通事故に全く無関係な人々も負担する帰結になる。したがって、このあたりはもう少し議論が進まないと、法的または社会的なコンセンサスまで辿り着かない。もたもたしていると、技術の進化のほうが早い。

自動車ビジネスのキーストーン

今後の自動車ビジネスに、その昔パソコンビジネスで発生したような部品による支配という事態がありうるだろうか。

パソコンビジネスは、１９９０年代半ばまではＩＢＭなどの完成品メーカーが全体設計、中核部品である半導体、ソフトウエア、販売ルートのすべてをコントロールしていたが、マイクロソフトからウインドウズ、インテルからＭＰＵが出て、この二つ、ウインテルがキーストーンになり、部品による支配に変化した。それからあとは、パソコンメーカーはただの箱を作っているにすぎないと揶揄されるに至る。要するに、ビジネスを獲られたのである。

パソコンで生じた事態は、自動車ビジネスでもありうるかが議論されている。スマホメーカーや材料メーカー、部品メーカーがインテルのように自動車におけるキーストーンになり、全体を支配する可能性はあるのか、である。

その答えとして、可能性はあると思う。

例えば、自動運転ソフトはその一つであり、超高性能バッテリーもそうかもしれない。現在のリチウムバッテリーの航続距離は、エアコンをつけずに走ってせいぜい２００キロが限界だが、例えば海中に無尽蔵にあるマグネシウムを使ったバッテリーは、理論的には１０００キロを大きく超える性能があると言われる。自動車に必要なパワーがうまく発生しないなど技術的な課題はあるものの、従来技術から格段に違うレベルの技術が生まれるときに、新しいキーストーンになる可能性はありうる。

だが、パソコンビジネスの教訓は広く認識されており、自動車会社のほうが、このキーストーンを手中に収めるための連携や買収を熱心に行っている。日本の経済規模に自動車の占める割合は高いので、日本の大学やベンチャーも、結果への影響が大きいという意味で、ここに参加することはやりがいがある仕事になるはずである。

販売台数が減る

自動車の販売台数が減る可能性は、ライドシェア、カーシェアの進化によるビジネスモデルによる。自動運転のせいではない。

これはデータの利用による新しいビジネスであるライドシェア、カーシェアにより、従来ビジネスである新車を一定期間ごとに購入させるビジネスモデルが、どのように影響を受けるかという問題である。

駐車場で車が待機している時間が多いのは社会的な無駄である、という概念はわかりやすい。日本でも地方都市では車を使う頻度は高いので所有の必要性がまだ高いが、都市部では他の交通機関もあり、ライドシェア、カーシェアが身近で便利になるにつれ、新車を購入しない人はやはり増えるであろう。

これに対して自動車会社が行う作戦の一つは、できるだけ個人の所有にしたい愛着の持てるカスタマイズされた自動車を製造することである。自動車はシェア用のゴルフカートのような使いやすい車と、所有用のお洒落な車の二方向に分かれるかもしれない。

私自身は、初代ホンダアコードハッチバックを見て気に入り、内定していた別の会社を辞退し、指導教授にひら謝りして自動車会社に就職したのだが、今でもスタイリングのいい、お洒落な車を持っていたいという思いは強い。

2 SEP（標準必須特許）

通信業界が仕掛けるバトル

通信を行うには相手があることなので、技術的な統一をしないと双方向で通じない。そのために技術標準が必要だが、そこに使われる特許をSEP（Standard Essential Patent：標準必須特許）という。必須とはいえ誰かが認定しているわけではなく、自己申告である。

通信を様々な製品で使うとなると、途端に利害関係が生じ厄介なことになる。現在、大きな対立構造として語られているのは、自動車と情報通信の業界間の壮大なバトルである。

自動車会社は、自動車の安全性や性能の違いを自社商品の魅力として販売しているが、自動車に通信技術を使っても他社との性能差は生じず、付加価値はそこにはないと考えている。というのも、通信は、どの自動車にもついている当たり前の技術になるからである。

企業の研究開発は他社と差をつけるために行うものであり、情報通信技術に関しては他社と差がつかず、信号を確実に受信できるなら中身はブラックボックスでも何でもかまわない。

通信技術の特許出願内容は、自動車のような機械系の特許出願の内容と比較すると、件数があまりに大量にある上に文章が微妙で、どれが必須特許なのかわかりにくい。見せかけの大量特許を必須であると自己申告し、実施料を高く吊り上げる戦略をとっているようにも思える。

情報通信の企業は、研究開発投資の回収のために特許の価値をできるだけ高いものとして主張したい。特に通信ビジネスがうまくいかず、大量の特許を手元に抱えている会社がそうである。２００６年の世界の携帯電話のシェアは、ノキアが34・８％、モトローラが21・１％だが、その10年後の２０１６年にはノキアが１・１％、モトローラが３・５％である。携帯電話が売れなくなった以上、手元に残った特許で稼ぐしかない。

そうでなくても５Ｇの開発のために、これまで多額の研究開発投資をしており、もし自動車会社がそれを使うというなら、この機会に実施料をできるだけ高く支払ってもらうのは当然であると、情報通信の企業は言いたい。

彼らにすれば、これまで標準技術にするために数多くの企業が連携して規格を決めていく大変な作業を繰り返し、実証的に相互にテストを行い、何年にもわたり数千億円の開発投資をしてきた結果である。４Ｇから５Ｇになると、超高速、大容量、多数同時接続が実現する。それは画期的な技術である。その成果を享受したいなら、それ相応の費用の支払いが必要ではないか、ということになる。

今回のバトルの対象となっている技術は、ユニバーサル移動体通信システム（ＵＭＴＳ）、グローバル移動通信システム（ＧＳＭ）、ロングターム・エボリューション（ＬＴＥ）、アドバンスト・ビデオ・コーディング（ＡＶＣ）、デジタル・ビデオ・ブロードキャスティング（ＤＶＢ）、近距離通信（ＮＦＣ）などである。この先も、車両間の無線通信技術（ＷＡＶＥ）など、対象技術と件数はさらに増える。

ＵＭＴＳの標準として登録されている特許は１万９０００件以上、ＧＳＭは６０００件以上、ＬＴＥにいたっては２万５０００件以上もあると言われるが、基本的には自己申告による。つまり、本当に必要な特許かどうかという精査なく、自己申告により増え続けている。そこに問題がある。

自動車会社の気持ちは、これらの標準技術を装着した通信機器を単に部品として納入してもらえばいい。通信技術を持つ会社同士で、部品の値下げ競争をしてくれればいい。ロイヤルティではなく、部品取引のコストの中で処理したい。

情報通信会社は部品としてではなく、通信により全体の自動車の価値が飛躍的に上がると主張し、自動車本体価格にロイヤルティレートを掛けて算出するような高額ロイヤルティを夢見ている。

バトルは、もうしばらく続きそうである。

ザ・ジャッジメント・プロジェクト

これまでもＳＥＰの特許権者と実施者の紛争は、米国と欧州の裁判所で盛んに争われている。訴訟はその国内の判断であるにもかかわらず、知財に関しては世界のどの国でやっても同じような権利と同じような製品での争いであるため、他国の裁判への影響を意識する判決も多い。

例えば、英国の2017年のファーウェイ対アンワイヤードプラネットの訴訟で、イングランドウエールズ高等法院が出した判決は「FRAND宣言は全世界的なものであり、実施者により条件が著しく相違してはならない」というように、英国の一裁判所であるにもかかわらず、全世界の裁判所へのメッセージのような内容を発信している。

FRANDとは、"Fair, Reasonable and Non-Discriminatory" の頭文字をとった言葉で、日本語では公平、合理的、非差別的と訳す。FRAND宣言をする以上、相手によってライセンス条件を変えてはいけない。イングランドウエールズ高等法院の判決は、ごく当然のことを言っているにすぎない。

世界でビジネスを行うとき、これまでは国別の特許権や国別の判決が少しずつ違っていても、あまり大きな問題としては意識しなかった。しかし情報通信の問題に直面すると、権利だけでなく裁判も世界で統一したらどうか、という意見が出始めている。

ハーグに事務局があるハーグ国際司法会議が、The Judgement Projectという名前で検討しているテーマがある。

１９９２年からずっと検討をしているのは、知財訴訟を含む民事と商事の国際裁判管轄と外国判決の承認・執行に関するルール作りである。例としてわかりやすく書くと、米国特許の有効無効判断や米国内での侵害・非侵害判断を日本の裁判所ができるか、日本の知財訴訟判決で認められた損害賠償請求と差し止めを中国で強制執行できるかといった、国際間の訴訟運用と執行の問題である。

知財訴訟においては、外国判決の承認・執行に関しては難しい問題がたくさん含まれている。特許が国別であること、その特許は国によって少しずつ権利範囲が違っていること、損害賠償請求という債権だけではなく、差止請求というインパクトの大きい判決の可能性もあること、などである。

さらに別の問題として、米国の陪審裁判の判決でよくある巨額な損害賠償額や懲罰賠償のような判決を日本にそのまま持ってきて強制執行される可能性もある。

米国の陪審裁判では、日本の大企業が米国の善良な市民の特許を侵害したという設定では、テレビドラマのように善良な市民を装う夫婦が泣き崩れてみせて、それに陪審員が同情し、多くは日本企業の負けである。

懲罰賠償についてはそのような制度は日本にないという理由で、公序良俗違反の判決として拒否できるのだが、巨額の賠償のほうは日本にきてしまうことになる。

The Judgement Projectがまとまるかどうかは不明だが、この問題が時代のニーズとして、国際間の裁判の調整が必要だと盛んに検討されていることは、事実である。

バトルの先にあるものは提携

特許は強力な独占権なので、侵害した相手の製品を差し止めることができる。自社の特許をたとえ自己申告であっても標準としておけば、使った者に対して差し止めをチラつかせて多額の使用料の支払いを迫ることができる。これをホールドアップという。相手が抵抗できない状態を表している表現である。

標準として扱うかどうかを決める標準化団体は、特許権者に合理的でフェアな条件（FRAND条件）でライセンスするようにとコミットさせるが、権利者がフェアで合理的な条件であると主張しても、実施者からすればフェアでも合理的でもない条件もある。それを理由にして、実施者が本来支払うべきロイヤルティを払わずに逃げ回る場合も発生する。それを交渉する姿勢を見せておきながら、結局合意せずに支払わない状態で逃げ続けるのを、ホールドアウトという。

５Ｇに関しては、単純に自動車連合軍と情報通信連合軍が対峙して睨み合っている構図ではない。自動車会社と情報通信会社がパートナーシップを組むとか、買収を仕掛けるなどの様々な動きがあり、さらにデルファイ、ボッシュ、デンソーなど、大手の部品会社も参入し、将来有利な位置を占めるよう、それぞれの思惑による動きをしている。

全体を調和させるためのコンソーシアムも生まれている。

フェア・スタンダード・アライアンス（ＦＳＡ）、ＣＡＲ２ＣＡＲコミュニケーション（Ｃ２Ｃ－ＣＣ）、カー・コネクティビティ・コンソーシアム（ＣＣＣ）には、自動車会社、部品会社と情報通信企業が多く参加している。

ＦＳＡはベルギーを拠点に、ＳＥＰのライセンスに関して、透明性と公平性を中心にバリューチェーンのすべてで利用できるように、との目的で作られたアライアンスで、ＢＭＷ、フォルクスワーゲン、ホンダ、トヨタ、フォードなどの日米欧の自動車会社が中心になって活動している。

Ｃ２Ｃ－ＣＣも欧州中心に、自動車間（Ｖ２Ｖ＝vehicle2 to Vehicle）や自動車とインフラ間（Ｖ２Ｉ＝Vehicle2 to Infrastructure）の通信の規格を統合することを目的として活動している。

ＣＣＣは、スマートフォンと車載機器を接続する世界標準の開発のためのコンソーシアムで、ＧＭ、ダイムラー、ホンダ、トヨタ、ソニー、三菱電機など、自動車と通信の企業が大規模連携する研究組合の場である。

これらの動きは新しい技術を目前にして、合理的でバランスの取れたビジネスを目指している。

3 中国企業とのおつきあい

いずれは強力なライバルと思った

中国企業の過去を振り返ると、20世紀末までの中国企業は日米欧の商品の模倣が中心で、自力で新しい製品を生み出す力はほとんどなかった。

中国の模倣品対策として、日本では官民合同の国際知的財産保護フォーラム（ＩＩＰＰＦ）という組織を２００２年に作り、それ以降毎年、官民合同訪問団を派遣し中国政府に対し様々な要請をした。これまでにＩＩＰＰＦが要請した中国の法改正や運用の強化の項目の半数以上が改善されており、活動の効果はあったと言える。

中国政府は2015年12月に「量があるが質が劣り、保護の厳格さに欠け、権利侵害事件が発生しやすく……革新や創業の意欲などの点に悪影響が及ぶ」と自国の状況を認め、その対策として世界水準の知財強国の建設に国をあげて取り組むことになった。この前後から、中国政府の知財戦略は大きく変わる。

多くの日本企業は20世紀末の中国の改革開放以降のタイミングで中国に進出したが、業種によっては自社単独で進出することが許されず、中国政府の指導により中国企業との合弁会社を作り、それを通じて相手に技術を学ばせる機会を作らなければ進出できなかった。

模倣品対策の過程では、日本企業の担当者が相手の会社に乗り込んだときに、いくつかの中国企業の社屋や工場の外観が、自社よりもずっと立派で大きいことにショックを受けることが度々あった。彼らの模倣は、単に技術を学ぶステップとしての一時的なものであった。日本企業から権利行使をされたのは、彼らにとってチャンスであり、日本企業との接点ができたということになる。ここで技術を教えてもらえば、ライセンサーである日本企業と合作を行ったとして、中国の他のライバルに差をつけることができる、という計算があった。

日本企業はこうした接触を通じて、近いうちに中国企業はグローバル競争で日本企業のライバルになる可能性があると思うようになった。同じ文化圏の国の企業は、技術も商品も同じ領域が得意分野になる。それは、ユーザーの嗜好が同じ傾向であることによる。それが２０１０年頃の状況である。

２０１９年の今、例えば、深圳市はイノベーションモデル地区として世界中から企業を誘致し、フォーチューングローバル５００社の半分以上の企業が深圳市に研究開発拠点を設けているなど、グローバル競争の現場になっている。ファーウェイ、テンセント、ZTEの本社は深圳市にあり、台湾の鴻海《こうかい》精密工業は製造拠点を深圳に置いているなど、ソフトウエア、通信、電機などの企業が多く集まっている。深圳市は広東省の経済特別区になっており、中国企業だけではなく、外国企業にも法人税、金融、不動産貸借など政策的な優遇措置が多くある。ただし、企業が集中しすぎるとひずみも多くなるはずで、すでにその兆候が現れていると言われる。優遇措置が変更になれば途端に影響が出ること、全体のコストが急上昇していること、ビジネスが飽和しはじめていることなどである。

ともあれ政策の強力な後押しにより、深圳市はグローバル産業競争の中心地の一つになっている。

4　中国企業のサイズ拡大

世界で戦うには、サイズが大きいほうがいい

中国の統計の数字は大きくて、どこまで正確に表しているのかよくわからない。白髪三千丈というほどではないが、よく見せるために水増しをする傾向が全般にありそうである。したがって、中国の各種統計の数字を今ここで引用はしない。ほほう、といちいち感心していてもあまり役に立たない。

中国政府が中国企業に補助する奨励金は、ＰＣＴによる出願では1件あたり１３０万円だそうである。米国、欧州、日本で特許が登録されれば、深圳市では1件あたり60万円をくれるという嘘のような奨励金である。他の都市でも似たような制度がある。

この奨励金は半端な金額ではないので、出願すると企業は確実に儲かる。本当にくれるというなら、もしずるい企業であれば、すでに公開されている日米欧の特許の明細書をインターネットで拾い、自分の名前で出願する誘惑にかられるであろう。実際にそうとしか

思えないような出願が多い。

中国の経済は、国の統計レベルではそろそろ伸びが鈍くなったことを、各種データが示している。中国の改革開放は1978年だが、それから40年も経ち、世の中は人も国も一定の成長サイクルがあるという仮説通りに、中国も年齢を重ね、大人になりかけている。

企業自身も成長サイクルがあるのだが、国と同期して栄枯盛衰をするのではなく、各社の成長度合いはバラバラである。企業はビジネスが時流に乗って勢いがある間は、国内でどんどん成長するが、その先は世界と戦うことになり、それには規模が大きいほうがいい。世界のライバルに比較して資金力が大きければ買収や研究開発への集中投資など、様々な手を打つオプションが増えるからである。

戦うということでは、軍事もビジネスも同じようなところがあり、規模が大きいと余力が発生し、作戦を立てるのが楽になる。

鉄道車両製造の統一

中国の古典では、孟子が「寡は衆に敵せず」といい、孫子も「寡戦（少ない戦力）ではなく、対戦（同じ戦力）または衆戦（より多い戦力）にすることが戦略である」という。衆戦にするには、連携や合併を敵よりも先に行うべしとして、そのための情報力が重要という。

中国政府の産業政策担当者は、こういう勉強は当然しているのであろう。中国の鉄道の車両製造については、２０１４年に中国南車集団と中国北車集団が合併して、中国中車という新会社ができた。売上額は海外のライバルであるボンバルディア、アルストム、シーメンスや日本の各鉄道製造会社よりも大きくなり、いきなり世界トップの大きさになった。

中国中車は、世界中の鉄道車両の先輩企業から貪欲に技術導入して学び、世界に輸出するときには、中国中車の鉄道車輌はすべて中国の知財によって作られたとＰＲする。知財に関しては、改良特許を何件か出願しておけば、我々は特許を保有しているとは言える。ただし、すべてというのは背伸びのしすぎである。

彼らは彼らでビジネス拡大戦略を立てているのだが、実際には製造技術を急いで学んだだけで、長期的なメンテナンスの経験もなく、付け焼き刃の技術でしかない。もう成長したので、ここで合併させて巨大にしようという作戦遂行が早すぎたかもしれない。実際に、まだメンテナンスのための一定の期間を経ていなかったためその経験がなく、世界中で品質問題を発生させている。

今後の対抗策だが、日米欧の鉄道車両製造会社は優位性維持のために、これ以上中国企業に技術を教える必要はなく、自力で勝負するように仕向けることである。中国中車も未成熟なまま巨大になると不都合も大きくなり、今後は相当大変かもしれない。何事も、時を誤ってはいけない。

自動車製造の統一

自動車では、中国政府は中国第一汽車集団、中国長安汽車集団、東風汽車の3社の合併を計画しているかもしれない。この3社のブランドの自動車の合計は、2016年で358万台である。3社合わせてもようやく世界ランクの10位であり、それぐらいの数字なら別にどうということはない。

しかし、第一汽車はトヨタとフォルクスワーゲンの2社、長安汽車はフォードとマツダの2社、東風汽車はホンダと日産の2社との合弁会社を作っている。2社というのは妙手で、あちらの会社からこれだけ技術を教えてもらったので、こちらからも同じように教えてほしい、というセリフを巧妙に使い、技術情報を聞き出そうとする。実際に裏を取ると、あちらの会社も決して必要以上に技術を教えていないのがわかる。しかし、合弁会社で製造する車両も合弁会社自身が品質保証をする必要があり、基本的には親会社である外国の自動車会社は、多くの技術情報を合弁会社に伝えざるを得ない。

中国の3つの自動車会社と、それらが出資している合弁会社6社で製造している自動車の生産台数を全て合計すると、めでたく1000万台クラスに入る。

合弁会社なので販売している自動車のブランドは、現在は外国ブランドである。合弁会社が、将来も外国ブランドのまま存続できるかどうかは楽観視できない。先進技術はすべて合弁会社を通じて学びました、としてある日突然、合弁契約を解約される可能性もあるかもしれない。その場合、合弁会社の工場設備は、日本側の親会社には一定の金額補償をし、所有権は中国側の親会社に帰属し、そこで製造される自動車は親会社の中国企業ブランドになる。

想像で言っているわけではなく、台湾と韓国で1980年代に実際に日本企業はそのような目に遭ってきたことを忘れてはいけない。ちなみに、私はそのような事例の後処理を担当したので、そのときの大変さを、身をもって経験している。

もし中国政府の計画通りに中国の3つの自動車会社が合併し、さらに合弁契約を解消して合弁会社を中国側に取り込んだら、世界に向かって1000万台を製造できる工場を持つ新会社ができる。そこで研究開発を統合し、重複を避け、規模を拡大して世界最先端の技術を取り込み、これらのすべてが中国の知財によるものであると宣伝し、世界中に輸出をする。私が中国政府の産業政策担当なら、そのシナリオには魅力を感じる。

規模が大きいと、ビジネスチャンスも大きい。しかしそれは、企業の成長期で勢いがあるときである。勢いを失ったときには、規模の大きさはマイナスに働く。中国の自動車会社が勢いを失い、つまずくのはまだ先かもしれないが、もしその轍に入ってしまったら規模の大きさはメリットではなく逆に作用し、むしろ自動車という単一製品で規模を維持する大変さに直面することになる。

大きくなりすぎると小回りがきかなくなり、拡大期に得た成功体験にしがみつく世代が幹部になるため、大変さが増すのは世界共通の教訓である。衆にしたその後のマネジメントの難しさについては、中国の古典はふれていない。

製薬の研究開発の統一

中国の製薬業界はこれから伸びるだろうが、まだ小さい。中国には中小規模のジェネリックの企業がたくさんあるが、新薬は生み出せていない。上場をしている広州白雲山医薬集団でも、3000億円程度の売上額である。日米欧の製薬業界のレベルに追いつくのは時間がかかるため、まずは特許切れのジェネリックで経験を蓄積してからである。

製薬会社は大きければ大きいほど、研究開発費が潤沢に使えて新薬を生み出す可能性は高くなる。

２０１７年の世界の製薬会社売上ランクのトップはスイスのロシュで6兆円を超えており、研究開発費は売上の約21％の１兆２８７３億円をつぎ込んでいる。日本のトップの武田薬品工業は世界の売上ランク19位で１兆７７０５億円だが、研究開発費は売上の約18％の３２５４億円である。製薬会社は全業種の中で、対売上高研究開発費の率がダントツに高い。

製薬業界以外の研究開発費は、電機も自動車もだいたい5％前後といったところで、新薬を生み出すのがいかに大変か、わかる。電機も自動車も、実際に開発したものはあまり売れなくても世の中に製品を出せることは出せる。成果をボツにすることは、あまりない。

しかし、新薬を生み出すのには10年も20年もかかり、一つの新薬への投資金額は数百億円、成功確率は3万分の1と言われる。つまり、２万９９９９の研究開発の結果はボツらしい。数字の上での話ではあるが、大中小の製薬会社がそれぞれ2万９９９９のボツを出しているので、非協力状態であれば、ボツの重複が異常に多くなる。そのため、合併して巨大化し、巨額の研究開発費の下、ボツの重複を避けながら研究開発をする必要がある。

製薬会社がM＆Aを盛んに行い、規模を拡大し、研究開発費を準備しようとするのは、効率を考えると当然である。さらに今、この研究開発の歩留まりの悪さを何とか改善するために世界中の製薬会社でＡＩを利用し、オープンイノベーションをするなど様々な試みが行われている。

その状況下で、もし中国の製薬業界のグローバル展開のシナリオを作るなら、どうなるだろうか。

中国の医薬市場は人口が多いだけに規模が大きく、高齢化にも突入するため世界中の製薬会社にとってきわめて重要な市場である。事実、漢方薬をのぞく新薬の市場シェアは、ほとんど日米欧に占められている。

それを中国企業が奪い返すには、まず力のついた中国の製薬会社を統合し規模を拡大するであろう。その後、中国製医薬品を中国内で成功させて、いずれは輸出をして世界市場で稼ぐ。

政府は多額の研究開発費を補助し、各社で重複せずに全体がコントロールされた研究開発を行う。その際に、中国の医療データを外国に持ち出させないようにする。中国は、すでに産業データ保護を行っている。

ある程度競争力がついてくると、さらに中国企業の強い漢方薬のブランドをうまく使い、ハイブリッドふうの薬に仕立て上げると漢方薬を持っていない欧米の製薬企業に対して優位性が生じる。その時点で、中国製医薬品のグローバル競争力は非常に強くなるであろう。

なお、この中国の製薬業界のシナリオは、戦略の原則通りに私が考えただけのもので、ニュースソースがあるわけではない。

日本の対抗策

日本の製薬会社はどうか。日本企業は一般的には合併にナイーブである。身近にいて歴史的に長くライバルであり、互いに社風の違いも知っているので、一緒になるのは気持ちの上では抵抗がある。合併は市場縮小や業績悪化など、よほど切羽詰まった状態に追い込まれたときにようやく行われるのが、日本のこれまでのパターンである。それもないのに、M&Aを仕掛けることは少ない。

合併は難しくても、新薬の研究開発が重複しないように産学連携も含めて全体をコントロールする計画をうまく立てることはできる。成果の取り扱いは利益が絡むので、調整は大変であるが、研究開発投資に応じて合理的な解決はできる。日本では漢方薬ということではなく、和薬のブランドを国のブランドとして今のうちに世界に浸透させておくことも布石として役に立ちそうである。

以上のようなシナリオは、製薬業界にだけ通用するものではない。世界と戦うあらゆる日本の業種に言えることである。日本企業の持つデータを共有することと知財を相互に利用するシナリオが、この先の日本の競争力を高めるはずである。

5 中国企業の知財戦略の特徴

急成長に必要なことはすべてやる

中国の企業戦略は、中国の国家戦略と同期する。国内での消耗戦を回避するため国内で一強を作り、その企業が海外への進出時に国の様々な支援を受けて他の国のライバルに対して比較優位に持ち込むようにする。その参考となる例は、かつての韓国企業が海外に進出したときの手法である。

21世紀初頭の韓国企業は、日米欧の企業に比べて技術力も販売力もブランド力も著しく劣っていたが、国の指導で業界に一強の企業を作り、国内で儲けさせ、その後の輸出時には国をあげて徹底的に支援し、海外で一定のシェアを得ることに成功した。支援内容は、海外のどの法律事務所が訴訟に強いか、費用はどの程度かなどの情報調査提供と同時に、もし紛争が生じたら国のあらゆる外交ルートを使って相手国と交渉する。つまり、本来民間企業が独自で行うことの多くを国が代行した。

日本では、国がそのような支援はできない。日本企業同士が海外においてもライバルだからで、一方に国が加担するわけにはいかない。

現在、中国企業がグローバル市場で躍進している背景にあるのは、この韓国パターンの踏襲である。

中国企業は政府による支援策をできるだけ使おうとし、政府の言うことは何でも素直に聞く。政府の支援施策が手厚いので、その施策を最大限に利用する。

中国企業は、戦後すぐの日本企業がそうであったように、経営者が知財をよく勉強している。したがって、経営戦略に知財の機能を使うことが組み込まれ、不可分一体として扱われていることが多い。中国で急速に成長している企業の経営者は、知財戦略をうまく作ることが、遅れてグローバル競争に参入した不利を解消することだと知っている。

今の日本企業はといえば、グローバル市場で一定の成功を得た後、知財活動は専門に特化し、経営者自らが知財を理解することはやや少なくなった。企業が成熟すると、専門的な業務はその部門に任される傾向が生じるが、欧米でも歴史の長い、伝統ある企業はだいたい同じで、一般的にはそれで十分なのである。

この10年で、中国企業のグローバル知財戦略は進化した。

例えば中国企業は、あるときからアルファベット表記をすることが急に多くなったが、このことはグローバル産業競争に参加している企業が増えたことを示している。海外に輸出するときに中国語表記のまま押し通すには限界があるであろう。例えば、ZTE（中興通信）、TASLY（天士力）、AIGO（愛国者）、HUAWEI（華為技術）などのアルファベット標記の名称は、すでに世界で認知されている。

中国企業の知財戦略で、日本企業にとって参考になるのは、新興国企業が知財活動を急いで強化したいと必死になるとき、どのような手法を使うかというものである。

蓄積がないなら買えばいい

例えば、知財を第三者から買ってくることは、知財強化として即効力がある。

日本企業は、自社の保有特許の蓄積やNIHシンドローム（Not Invented Here syndrome：独自技術症候群）があることにより、買うことにはあまり熱心ではなかったが、中国企業の手法を見て、今、改めて勉強している。それは自社の不足分を補うのに、手頃な手法である。

これまでの知財の売買は通信、ソフトウエア、半導体領域で急成長した欧米の新興企業が、手持ちの保有特許があまりにも少なく、また発明を生み出す力も弱かったために、急場しのぎで採用した手法であった。

買う側の常連企業は、グーグル、サムスン電子、アップル、楽天のような急成長した企業であり、さらにインテレクチュアル・ベンチャーズ、アカシア・リサーチのように保有特許を多くして訴訟を仕掛け、一儲けしようとする企業であった。売り側の常連企業はＩＢＭ、ＡＴ＆Ｔ、ノキア、ヒューレットパッカードなど、歴史の長いエスタブリッシュメントで、多すぎる保有特許を整理したいというニーズがある。

中国企業が急成長する過程で、保有特許を増やすために買う側になるのは当然のことである。日本企業、特に電機の会社は多すぎる保有特許を整理するため、売り側になる。

相手の顔を知るのは大切

日本企業は今のうちに、同業種で将来グローバル競争に参戦してきそうな中国企業の力を知っておき、さらに中国企業のキープレーヤーとの人脈形成をしておくことが、将来役に立つ。

私は、国内外のシンポジウムのパネルディスカッションで一緒になった外国企業の知財の責任者たちと知り合うことが、その後仕事で役に立っている。パネラーとして発言するとき、前もって他のパネラーの企業の事情も調べておくため、何だか親近感が湧き、帰国後もメールでパネルディスカッションの続きのような質問をする。そのような相手を各国に持つことは、グローバルビジネスをうまく行うコツである。情報量が増えるのである。

中国、韓国、台湾の企業からも最近は、国際的なパネルディスカッションに参加する人が増えているので、そこで知り合うことは役に立つ。パネラーにならなくても、ネットワーキングの時間が多くの場合設定されているので、そこで知り合えばいい。

グローバル産業競争においては、ライバル企業の責任者や担当者の顔を知ることは非常に重要である。性格や人柄を知っていると、どのような判断をするか予測がつきやすい上、直接対話による解決策を探りやすい。

中国企業で、すでにグローバル産業競争に参加しているところの経営者の発言を聞いていると、日米欧企業の知財戦略と遜色ないレベルで知財戦略を策定している。その上、チャレンジャーとしての新鮮さがある。

彼らの戦略目標は外国市場での成功であり、日米欧の先進企業に追いついた上、そこで勝とうとする。そのためより広く柔軟に、使える手法には何にでも関心を持つ。チャレンジャーであるだけに、新しいものに抵抗感が少ない。

対抗する日本企業がもし古典的な知財活動を続けているようであれば、知識と経験は、短時間で逆転されるであろう。

日本政府の知財戦略は、地方企業、中小企業や大学などへの支援と日本国内で審査を早くするという国内制度整備が中心になっている。海外に進出している日本企業の競争力を支援するような競争に直接影響のある施策は、少ない。少ないながらも、特許庁からジェトロの海外拠点への知財専門家の派遣は、日本企業へのサポートとして役に立っている一つである。ただし、一般的には世界で戦う日本企業は、自力で海外の知財活動の経験と知識を蓄積しなければならない。

日本市場で、同じ業界に大中小の多数の企業がひしめきあう産業構造は、過当競争によりほとんど利益が出ない結果になる。そのため、日本のグローバル企業の多くは日本市場を単なるテスト市場として扱い、海外で利益を得るようにビジネスの構成をシフトすることになる。

日本と同様に、欧米でも国が企業の知財戦略に介入するということは基本的にはなく、その意味ではひるがえって日米欧は企業の自由度が高く、成功も失敗も自己責任であると割り切って言えるかもしれない。

6 米国国防権限法（NDAA2019）

中国への宣戦布告

米国で2018年8月に成立した、NDAA2019（National Defense Authorization Act：2019年度国防権限法）は、国防省・関係組織の運営や活動の法的根拠となる法律である。

この法律には、対米投資による先端重要技術へのアクセスの監視と制限を規定している外国投資リスク審査現代化法（Foreign Investment Risk Review Modernization Act）と重要技術の輸出許可の取得を義務づける輸出管理法（Export Control Reform Act）が含まれる。

上院では全会一致、下院でも3分の2以上の圧倒的多数で可決されたこの法律は、中国に対する米国の姿勢の厳しさを明確にしている。

台湾の防衛力強化、中国海軍のＲＩＭＰＡＣ（環太平洋諸国海軍合同演習）への参加禁止、中国の産業スパイ対策、中国のサイバー活動やメディア操作対策、中国の南シナ海活動対策、孔子学院を受け入れている米国大学への米国政府資金の制限、インドとの安全保障などが含まれている。

また中国企業を名指しにしてその対策を法律で定めているが、具体的には、Huawei Technologies Company、ZTE Corporation、Hytera Communications Corporation、Hangzhou Hikvision Digital Technology Company、Dahua Technology Company という通信やビデオ監視メーカーの製品とサービスを米国政府機関は購入も使用もできないことになっている。対象企業はこれだけではなく、国防長官が一定のステップで判断した企業の製品も該当することになる。

例えば、日本企業が直接または他のメーカーを介して間接的に米国政府機関と取引をしている場合、この法律の適用を受ける。そこで、これらの中国企業の部品やサービスを受けていないことの確認を当局から求められることになる。対象となる米国政府機関は、連邦政府各省だけではなく、陸海軍、ＣＩＡ、ＮＡＳＡ、環境保護庁などの独立行政組織、連邦政府が１００％所有する企業が含まれるので、結構広い。

また、日本企業の所有している米国事業を中国企業に売却する場合や、日本企業が中国資本や中国人経営者を受け入れているときに米国に投資する場合などは、審査の対象になる。

この法律が承認された2018年8月以降、GEの中国系チーフエンジニア逮捕、中国企業（JHICC、福建省晋華集成電路）への半導体輸出禁止、米国企業マイクロンのメモリーストレージ技術を盗んだとして中国企業と台湾企業社員の逮捕、ファーウェイのCFOの逮捕などが次々に米国のニュースに出ている。日本で報道されていないものも多い。

輸出許可の取得が義務付けられる先端重要技術の項目として、バイオテクノロジー、人工知能と機械学習、測位、マイクロプロセッサー、先進的計算、データ分析、量子情報とセンシング、ロジスティクス、3Dプリンティング、ロボティクス、脳・コンピュータインターフェース、超音速、先進材料、サーベイランスが掲載されている。これを見ると、先端技術と呼ばれそうなものの、ほとんどすべてである。

その昔、COCOM（Coordinating Committee for Multilateral Export Controls）や新COCOMと呼ばれるワッセナー・アレンジメントという共産圏やテロ国家への技術輸出を規制する協定があり、政治的な協定であっただけに、なかなか規制の実態が不明確で、当時企業内で担当していた者にとっては、厄介な仕事の一つであった。どこの誰が判断しているのかも、わからなかったのである。

それに比べると、米国国防権限法は明確である。対象国はストレートに中国であるし、中国に何らかの関連がある米国への投資と重要技術の中国への移転が、規制の対象である。

ＣＯＣＯＭ違反事件として有名なのは、東芝機械が１９８０年代にソビエト連邦技術機械輸入公団に工作機械８台と制御のＮＣ装置ソフトウエアを輸出したが、その輸出許可申請書の記載が違っていた事件である。これに米国議会がナーバスに反応し、この事件後、東芝グループ全社の製品の米国への輸入禁止などに発展した。

この国防権限法の中には、同盟国との連携強化をする、とも書かれている。したがって、日本でも同じように輸出強化が求められる可能性は大きい。注意が必要な動きである。

7 クラシック知財制度の限界

綻びがたくさんできてしまった

知財制度の基本である特許権や商標権などの制度と、出願や権利化は各国別で自国から他国へ出願するときに優先日を認めるというコンセプトは、150年も前の欧州の産業の状況に合わせて設計された制度であり、現在の産業の状況に適用すると、いたるところで綻びが生じている。

かといって、新しい知財制度を国際ルールで作ろうとしても、自国の産業への有利不利の計算が東西南北で対立してしまうことにより、条約締結はほとんど不可能に近い。少しでも自国の不利益になることには必ず反対する国が現れて、まとまらないのである。

特許権は、自然法則を利用した新規かつ高度な発明に対して、出願から20年間独占権が与えられる。国によっては、自然法則を利用しているという条件をつけずに有用な発明であればいい、という国もある。そうした国では有用でさえあれば特許になるため、アイデアだけのビジネスモデルも特許権の対象となる。

日本の制度は、今も自然法則に頑なに結びつけている。自然＝natureは何とも曖昧な言葉で、量子力学の最先端の内容は、ここでの自然法則には当てはまらず、それらはすべて無視して、19世紀までのニュートン力学を自然法則としている。

実用新案または小特許制度は、小発明や物品の形状、構造、組み合わせによる考案について、出願から一定の期間、独占権を与える。これは、特許出願の多くが巨額の研究開発投資の可能な大企業からなされる傾向が強いのに対し、中小企業や町の発明家による発明などの、簡単なアイデアレベルの小規模な発明を保護するためと言われる。

実用新案は実質的な審査をしない国も多く、権利期間は特許権に比較して短期間である。また、この実用新案は、戦後の日本企業がまだ研究開発の力が弱い時期には、ちょっとした改良で権利になるということで重宝された時期がある。その後、大企業は実用新案の不安定さを嫌い、現在ではあまり使われていない。ちょっとした改良に独占権があるとしてしまうのは、今の時代に合わない。誰でも思いつくようなレベルのものは、ある程度のライセンス料を払えば、みなが使えるようにしておくほうがいい。

意匠権は、日本では美感、独自性のある物品の形状、模様、色彩に関するデザインについて、登録になってから20年間独占権が与えられる。商標権は、商品や役務（サービス）に使用するマーク（文字、図形、記号、立体的形状）を保護し、権利期間は登録から10年であるが、希望する限りさらに10年更新することができ、その後も同様である。

意匠権と商標権の選択という問題がある。

意匠権は登録から20年間有効で更新はできないが、市場に定着する企業イメージはデザインによることが大きい。独特のデザインを持つ商品はユーザーから愛着をもって迎えられ、何年経っても同じデザインであることが求められる。スーパーカブのように60年経ってもほとんど同じデザインで販売されるものもあるが、今の意匠制度では全くそれをカバーできない。意匠権が満了した後、他社から同じデザインの商品が市場に投入されるのを防ぐには商標を利用するという手があるが、立体商標の登録はあまりに狭き門である。

著作権は、著作物を保護の対象とするもので、伝統的には小説や論文、絵画、写真、音楽、映画（ビデオ）などが対象であった。そのため、著作権法の日本の行政の管轄はアカデミアと直結する文部科学省になっており、コンピュータプログラムやインターネットビジネスのような産業競争の成果の扱いであっても、文部科学省管轄の下の著作権法にしたがわなければならない。

著作権が意匠権を駆逐する

さて、ここで問題です。

チアリーダーのユニフォームのおしゃれなデザインを思いついたとして、どの権利で保護すればいいでしょうか？

現在の答えは、著作権である。

米国の２０１７年の判例で、著作権として保護されたのだ。デザインを意匠権で保護しようとして、うっかり意匠出願をすると20年で期限が切れるし、各国に出願しておかなければならない。著作権であれば、わざわざ出願しなくても世界中で権利主張ができ、多くの国で70年保護される。

米国の判例だけではなく、２０１３年のドイツの判例では誕生日列車という子どもの楽しげな木のおもちゃ、２０１５年の日本の判例では幼児用のデザインの素敵な椅子が著作権で保護されることになった。このように著作権が芸術文化だけではなく、プロダクトデザイン、つまり製品のデザインを保護し始めているのが最近の世界の傾向である。

そこで、次の問題です。

意匠権と著作権の保護要件は、違うでしょうか?

意匠権は新規性と創作非容易性、つまり公知のものからその分野に詳しい人が簡単には創作できないことが要件であり、著作権は個性があって他と異なるような創作であればいいとされている。ここで書いた表現は解説書の中に書かれているフレーズだが、実質的に考えると、どうやら同じである。

侵害判断の仕方も同じである。

意匠権は、美的観点の全体観察により共通点が差異点を凌駕しているかどうかを判断し、著作権は本質的特徴の一致点があれば、侵害を構成する。こちらも慣用的に使われている表現は違うが、中身は同じである。

製品のデザインは著作権によって保護される以上、保護要件や侵害判断のレベルは意匠権と同じであることが、結果的には合理的である。つまり、著作権のほうが緩やかであれば、もう意匠権などいらないという答えが出てしまう。


世界で意匠出願の多い国は、群を抜いて中国と韓国である。ただし世界の優れたデザインは、中国発や韓国発のものはほとんどないことに気がつかなければならない。

日本の意匠出願件数は、2017年では3万1961件であるが、同年の韓国の意匠出願は6万7374件であり、中国の意匠出願は62万8658件である。韓国は日本の2倍以上、中国は20倍近い出願件数である。

この両国の意匠出願が世界で際立って多い理由は、デザインを真似するのが常態だからであり、世界中のいいデザインを真似て自分の名前で中国や韓国で出願しているのが、いかに多いことか。海外のモーターショーで新車デザインが発表された翌日には、中国でその新車の意匠出願が、中国企業の名前で申請される。それが常態であるため、意匠出願が急増する。

他方で、日米欧の企業は他社のデザインに近づいた商品は、自社ブランドの低下を招くという理由で、お互いにそれを近づかないために防御のための意匠出願をする必要がない。実際に欧米の自動車会社は、自社の自動車の意匠出願を自国ですらほとんどしていなかった。中国製の模倣車が続々と世に出てきたときに、欧米の自動車会社は手持ちの意匠権がなく、大慌てであった。

ともあれ意匠権と著作権が近づいて、ほとんど同じようになってきたが、それでも自分の権利としてはっきりした形で登録できる意匠権は、たとえ他人のデザインのパクリであっても、自分のものとして宣言できる。権利主張しやすいということでも重宝され、そのような国では出願件数が増えることになる。

デジタル時代の悩ましい著作権

著作権の2018年の法改正では、デジタル時代の権利者の不利益の度合いの分類をし、それぞれに柔軟に解釈できるようにした。

内容としては、著作権侵害の3つの例外を設定する。

まず著作物の本来的利用には該当せず、例えば技術開発のための試験など権利者の利益を通常害さないと評価できる行為類型、次にインターネット情報検索など権利者に及び得る不利益が軽微な行為類型、さらに教育、障害者用、報道など公益的政策実現のために著作物の利用の促進が期待される行為類型の3つである。

ここに至るまでの検討過程では、社会の変化に合わせて違法かどうか判断することを司法に任せる米国型フェアユースを主張する側と、できるだけ法律に定め権利者と実施者のバランスを考えて具体的な文章として表現すべき、とする側との激しいバトルがあった。

成文法を作る大変さは、いろいろな事例を想定して解決できるかどうか、議論を尽くさなければならないことである。

デジタル時代を考えると、著作権には強い光と影が現れる。光としては、デジタルツールによる創作や利用や改変が著しく簡単になり、誰もが著作権を創出し国際的に発信できる。一方、影としては、大量に高品質の海賊版が瞬時に匿名で世界に拡散することである。バトルは、３つの例外の類型を示すことで、しばらくの間は収まったように見える。収まったかどうかは、みなさんが自分で著作権法を読んでみればいい。

それにしても、日本の著作権法の文章はいくら読んでもわからない、迷宮入りの文章である。

COLUMN

日本語とシュメール語

シュメール文明として知られている古代文明がある。

現在はイラクになっているメソポタミアの小さいエリアに、5500年前に栄えたとされている。シュメールの記録は、英語でキュニフォームタブレットと呼ばれる粘土板に、解読可能な文字で書かれている。

最新の古代史の解釈では、ギリシャ、エジプト文明の多くがシュメールから引き継いでいる。実際にシュメールの文化レベルが最も高く、それを引き継いだエジプト、ギリシャ、ローマは時代が新しくなるにつれて、徐々にそのレベルが低下するとまで言われる。

シュメール文明のときからスタートしたらしいものをリストアップすると、言語の基礎、アルファベットの原形、高等数学、天文学、道徳、法律、文学、詩、高層建築の可能な建築学、石油化学製品を含む合金など材料学、放射線治療や外科出術を含む医療、円筒印による印刷、女性の化粧、宝石類とアクセサリー、衣類、ワイン、ビール、パン、クッキー、チーズ、ヨーグルトなどの多種多様な料理、1オクターブ7音の全音階で構成する音楽理論、各種楽器など、人間の生活の基礎になるようなものがオールラウンドにある。

そこに住む人々が、庭や植栽のある居心地のよい住居で行った日常生活は、ほとんど現代と変わらない。

シュメールの広さは、せいぜい縦500㎞・横100㎞という程度で、日本の東北地方より狭いぐらいの面積だが、まるで現代世界のどこかの地域がそっくりそのままシュメールにタイムワープしたかのようでもある。

　言語の基礎は、世界中の言語のルーツを辿るとシュメール語に辿り着く言葉が非常に多く、インドのタミル語とシュメール語は文法と語彙が非常に近いと言われ、研究の対象になっている。インドのタミル語に近いなら日本語も同系統で、おそらく強い影響を受けたであろうことが容易に想像できる。シュメール語は助詞を付け、表音文字と表意文字の構造を持つなど、日本語の構造とよく似ている。シュメール語から日本語に影響した言葉も数多く指摘されている。例えば、シュメール語でマフは強い、ウルバイは集団を意味し、タミル語でマフ、オロバイと音が変化するが、意味は同じである。日本語になるとマホロバと音が変化し、古代日本語でも強い集団への意味で使われている。「大和は国のまほろば」の「まほろば」は、そのようなルーツの言葉である、という意見がある。日本の地名にも多く残っているらしい。

　またシュメール語では、5をイと発音し、祈ることはドウモと言うらしいが、No.5の神に祈ることは、イドウモという言葉になり、それが出雲に転訛したという意見さえある。シュメールでは神をナンバーで表す習慣があるのだが、No.5はエンリルという神で、キュニフォームタブレットに書かれている彼を示唆する様々な伝承が、出雲大社に伝わっていることもその意見の後押しをする。

　シュメール文明が消えたあとに、そこから東に移動した人たちが、チベット語やインドのタミル語に影響を与え、その流れが日本に辿り着いたと考えるのは自然であろう。

　日本語が現代において最も難しい言語の一つと言われるのは、シュメール語を含め、古代から様々な言語が集積していった結果なのかもしれない。我々は、そのような日本語とつきあっていかなければならない。

第6章

近未来の知的資産戦略

国のサイズになった企業

企業が大きくなると社会に責任を負う

国の歳入と企業の売上高を一緒にして金額順に並べている資料を見ると、米国の歳入の3兆2510億ドルをトップに、中国、ドイツ、日本、フランス、英国と続き、10位に企業で売上トップのウォルマートがくる。それから10位台に企業4社、20位台に企業5社、30位台に企業6社、40位台に企業8社があり、次第に企業の数が増えてくる。100位以内の割合は国が31カ国、企業が69社で、その中に日本企業は3社入っている。日本企業では、売上高30兆円のトヨタが23位である。その次の24位がインド、25位がアップルと続き、53位がホンダで売上高は15兆円である。

企業は自社の利益だけではなく世界のために貢献することを、ますます強く求められる。国も企業も、ポピュリズムにさらされる。評判により売上がすぐに落ちるということで、企業は国よりも評判に敏感にならざるを得ない。国は歳入が減るわけではないので、企業ほど評判を気にしない。

ＳＤＧｓのためＥＳＧによりＰＰＰを行う、という目新しい短縮語は、企業ではあっという間に常識になった。

これはSustainable Development Goals（持続可能な開発目標）のためEnvironment（環境）、Society（社会）、Governance（企業統治）に取り組み、Public Private Partnership（官民パートナーシップ）に参加する、という意味になる。

例えばＷＩＰＯ ＧＲＥＥＮ（世界知的所有権機関が推進する世界の環境保護のために知財を利用するというプログラム）は、ＳＤＧｓのためのＰＰＰであり、これに企業がＥＳＧを意図して参加すれば、ユーザーや市場から非常に高く評価されるが、自社の知財を自社のためだけに独占して技術を囲うようにして使うのは、反社会的として非難される可能性が出てくる。

本来、知財は独占制度なので非難されるのは筋違いだが、企業が国と競争するほど大規模になれば、知財の使い方にも公共性がより求められる。

ＷＩＰＯ ＧＲＥＥＮは、オフィシャルなスタートから5年が経過した。世界でも高評価の仕組みである。

２０１８年の夏は世界中が暑く、日本だけではなく、米国、中国、欧州も暑い日々が続いた。冬のはずであったオーストラリアも30度を超えていた日もあり、２０１８年の世界は温暖化現象の洗礼を受けたといえる。

今、知財の仕事を行っているみなさんは、ＷＩＰＯ ＧＲＥＥＮのような仕組みに参加して、世界の環境を救う手助けをしなければならない。そうしないと地球は温暖化どころか、熱帯化になりかねない。子どもたちによい地球環境を残してあげたいなら、すぐにそうすべきである。

国の制度と企業のデファクトルール

国は、特許として特別許可の知財制度を用意し、集中的に管理する。国際的に活動すればするほど、企業は一国の制度に依存することは少なくなる。もし、国の知財制度が古くて新しい事象に合わなくなってきたら、企業はどうすればいいだろうか。

現行のクラシカルな知財制度によっては、権利として保護されないときや、権利保護の限界があるときは、関係する企業間で契約を取り決めて債権上の権利として権利を発生させることができる。

国によるデジュール知財ではなく、いわばデファクト知財である。

そこでは、国による集中管理の代わりに契約当事者間で、新しい管理ツールとしてブロックチェーンを国際的に利用する可能性が浮上する。もともと契約は契約当事者だけを拘束するものであるが、オープンソースソフトウエア契約を利用することにより、多数当事者間の契約はしやすくなっているので、例えばデータに関する権利義務は、参加者たちが契約で決めてしまうという選択肢がある。国に対抗するのではなく、事実上の権利義務の創設をするのである。

国際投資協定により国を訴える企業

企業が国を訴える場合がある。といっても、国内の行政訴訟ではない。国際投資協定という国家間の取り決めにしたがい、企業が外国政府の立法措置や裁判所の判断を不服として法的手続きに訴え、賠償を請求できる制度である。企業に不満があればこれを使い、外国の知的財産法や制度、知財訴訟の判決について外国政府を被告として訴えることができる。

制度としては以前からあったものだが、企業内の気分としてそんな大それたことを、という遠慮があるせいか、実際に行うことはなかった。遠慮というよりも、そもそも外国政府は国家権力そのものであり、その国で商売を続けるには嫌がらせや課税などの報復措置があるに違いないと思っていた。

しかし、2011年と2012年に知財に関連して、相次いで企業から外国政府に対する訴えが提起されたことにより、一躍注目を浴びることになった。

オーストラリア政府が行ったタバコのプレーンパッケージ規制に対して、米国フィリップ・モリスの香港法人がオーストラリア政府を訴えたものと、カナダ連邦裁判所が特許を無効にしたことに対して、カナダ政府を相手取り米国企業のイーライ・リリーが訴えた2件である。

もともと国際投資協定は、途上国に進出した先進国企業が、途上国政府によって発注やビジネスをドタキャンされたときに補償の請求ができるようにと、その類の状況を想定したものである。そういう場合があったときに、途上国の裁判所に訴えても公正な判断が行われるかどうか疑問である、という理由である。

国際投資協定により、保護される投資財産に知財も含まれることは解釈としてはあったが、知財分野でどのように使えるかについての検討は、あまり進んでいなかった。

そして、実際に発生した案件は途上国ではなく、先進国企業が先進国政府を訴えたものになった。

米国企業のイーライ・リリーは注意欠陥多動性障害の治療薬であるストラテラの特許がカナダの裁判所によって無効とされたことに対し、カナダにおける特許の有用性の判断が間違ったことにより損害が発生したとして、２０１２年に5億カナダドルの損害賠償請求をカナダ政府に対して起こしている。外国政府を相手とした、日本円で約４００億円の損害賠償請求である。

イーライ・リリーにすれば、他の国では認められている特許をなぜカナダが拒絶するのか、という正当な理由がある。医薬品はジェネリック企業が市場参入を虎視眈々と狙っているので、特許が成立しないとその国では利益を失う。さらに一国で無効とされた特許は、他国で有効になっていても弱い特許とされて、ジェネリック企業からは格好の標的になる。

イーライ・リリーは米国でのロビー活動も盛んに行い、カナダは知財を守らない国であるとして、政治的な圧力もかけた。しかしその結果は、カナダ政府のホームページによると、２０１７年3月17日にカナダ側の勝ちという結果で終わっている。

私はこの薬の発明内容についての知識があるわけではないが、可能性として、もしイーライ・リリーが勝っていたならば、その後の各国の特許審査の協調がもっと進んだと思う。

例えば、発明の内容が進歩したものであるかどうかの判断は、個々の審査官の主観に頼っており、客観的な基準ではない。国によってバラバラである。その状況下では、いつ、このような訴えがあってもおかしくない。国としても無効判断をしただけで、400億円の賠償をさせられるのは困るので、国際協調を進ませるしかない。

フィリップ・モリスは、タバコのパッケージにデザインや商標を使わせないというオーストラリア政府に対し、商標法で保護された権利を不当に奪うものだとして訴えた。旧イギリス連邦の国を中心としてタバコをプレーンパッケージにする動きは広まりつつあるが、タバコ会社にとっては追い詰められた最後の手段として、投資協定により国を訴えるという手段に出たのである。

この件は、結局フィリップ・モリスとオーストラリア政府が第三者による仲裁判断にするという選択をし、結果は非公開である。

もし自社の特許が無効になったら、もし差止請求が認められなかったら、もし知財の法律が不備なら、もし制度運用が不備なら、そのとき企業が国を訴えるという行為は一般化するだろうか。将来、日本企業が他国政府を訴えることがあるかどうかはわからないが、少なくともこのような可能性があることは、知っておくほうがいい。

2 法改正

意見統一の難しさ

企業にとって法改正は、自社のビジネスにどのような影響があるかにより、テーマへの関心度合いが変わる。

法改正に向けての産業界の意見統一は、結構難しい。

例えば、業界を牽引しているリーダー側にいる企業は、自らが率先して新商品を生み出しているため、その商品やビジネスを守るための知財の権利範囲は、広ければ広いほうがよく、強い権利行使ができることを望む。

フォロワー側にいる企業は、逆である。相手の知財の権利範囲を狭くすれば類似品を市場に出しやすく、訴訟手続きについては被告になる可能性を考えると、証拠が集まりにくく手続きの面倒なほうが逃げやすい。

そこに影響がある法改正だと、意見は対立する。

このようなリーダーとフォロワーの対立構造は、一企業の中でも複数の事業がある場合には、その事業の業界内でのポジションにより違う。さらに国内ではリーダーであっても、海外ではフォロワーという場合もある。

業種による違いもある。少ない特許件数の製薬会社は強く確実な権利を望むし、文章力を頼りに出願件数をいくらでも増やせる電機会社は、それほどでもない。

同じ薬の業界内でも、製薬企業とジェネリック企業は対立する。

製薬企業は、特許権が有効なうちは他社からの類似品がなく利益を独占できるため、有効期間はできるだけ長いほうがいい。

一方ジェネリック企業は、製薬企業の特許権が満了すると同時に市場に安く参入し、利益を得ることができるため、有効期間は短いほうがいい。またジェネリック企業は、製薬企業の特許を無効にすれば自社のチャンスが拡大するため、無効にする手続きを起こしやすいほうがいい。

企業のグローバル化の度合いによっても、意見は違う。モーターサイクルのように売上台数の海外比率が99％以上のビジネスでは、売上比率1％以下の日本の法改正はあまり関心がない。反対に、日本市場でだけビジネスを行っている企業は、日本の法改正だけに関心を持ち、外国の法改正はどうでもいい。

つまり、企業の意見は自社にプラスになるかどうか、という背景の違いにより分かれる。法改正の前には、どのような方向で改正すべきかを検討する委員会が開催されるが、その構成は企業、関係団体、弁護士・弁理士などの代理人、アカデミア、メディアである。

企業の個社の意見は自社にプラスになるかどうかであり、関係団体の意見は産業界の意見の集約になる。弁護士や弁理士は、日本弁護士連合会や弁理士会などの会の代表で委員会に出席する場合には、自分たちが現在行っている業務にどのように影響するかという観点からの意見になる。アカデミアは法体系や論理性により整合するかどうかの意見であり、メディアは専門家というより識者代表としての発言を期待され、したがって常識的な意見になる。

法改正のための産業構造審議会や下部の各小委員会では、このような背景の委員により構成されている。

意見が一致すると法改正はすぐにできる

産業界の意見が一致すると、法改正は一気に進められる。私が過去最も熱心にロビー活動を行ったのは、海外からの産業スパイ対策のための不正競争防止法改正であった。

その頃読んだ米国のＦＢＩレポートに、産業スパイの手口として日本ではある特定の外国人の団体が背後から仕掛けをしており、日本企業に就職した同国人がその企業内で昇格をし、管理職として各種情報にアクセスできるようになったときにひそかに接触し、愛国の名の下に情報を持ち出させると書いてある。

盗みにいく場合は、罰則の甘い国に出かけていって盗むのが合理的である。罰則が甘いということは捜査も甘いはずだし、人々の意識も盗まれるということに対して鈍感であり、したがって発覚しにくい。当時の米国、欧州各国、豪州などの各国の罰則を比較すると、技術情報を盗むことに関して、日本の法律は群を抜いて甘かった。

私は企業で20年あまり研究所にいて、研究企画と知財の仕事を行ってきたのだが、その間研究者たちが本当に苦労して試行錯誤で何年も、場合によっては何十年もかけて研究し、ようやく花が開いて商品化に成功したときに、技術情報を盗まれるという話には強く憤りを感じた。産業スパイは試行錯誤なしで一気に成果を入手できるため、出遅れた側の国や企業は、情報を盗むという誘惑にかられやすい。

こういう場合の法改正は、日本の産業界を守り国際競争力を高めるという内容であるため、産業界の意見は見事なまでに統一される。

このときは私も普段、知財の仕事ではおつきあいのない、米国大使館、ＦＢＩ、警察庁、公安調査庁、サイバーセキュリティの団体とも情報交換の会議を重ね、それぞれのアドバイスも得た。官民での意見の一致により、結果として日本の法改正は、海外と比較してトップランクの厳しい罰則になった。同時に産業界に大音響での警鐘を鳴らすことにより、産業スパイへの牽制効果を大いに発揮することになった。各社で一斉に営業秘密管理強化に踏み切ったのである。

それから4年経った。日本社会は相変わらず警戒心の薄いお人好し社会なので、定期的に産業スパイが摘発されて、その度に警鐘を鳴らす必要があると思う。

２０１８年３月に「Findings of the Investigation into China's acts, policies, and practices related to Technology Transfer, Intellectual Property, and Innovation under section 301 of the trade act of 1974」という１８２ページもある分厚いレポートが米国通商代表部から大統領宛てに提出されており、その後すぐに、いわゆる米中貿易摩擦が起きている。

このレポートには産業スパイの状況を概括的に書いており、より詳しい内容は、産業スパイの手口も含めてこの数年のＦＢＩレポートに多く書かれている。米国から追い出された産業スパイが向かう先は、先進技術のある日本と欧州であるため、日本はこれまで以上に注意しておかなければならない。産業スパイ対策の第２ラウンドが始まろうとしている。

3 各国法から産業のデファクトルールへ

国際著作権法？

音楽著作権のようにそれでビジネスを行っている権利者からすれば、世界で著作権は強いほうがよく、勝手に使われたくない。他方、実施する側はインターネット上でのサービスや様々なデータを含め、自由であればあるほどいい。ここでも、権利者と実施者のバトルがある。

絵画でも写真でも、子どもの書いたマンガでもSNSに掲載した文章でも、みな一律に著作権法による著作権が発生してしまう。インターネットは著作物だらけで、その無断コピーは著作権侵害になる。誰もがクリエイターで、誰もが侵害者になる。

デジタルワールドを旧型著作権法でカバーするのは、どこの国でも大変である。

普通、インターネットを使って取引をするときに国境はあまり意識しない。誰でもキーボードを打っている最中に、今どこの国の法律の下でEコマースをしているかなどは、ほとんど考えない。

日本やヨーロッパの成文法主義は、のんびりした時代には法的安定性という意味では手頃で申し分なかった。著作権法の改正も、芸術文化を対象としているだけならよかった。しかし、各国ともデジタル化が早すぎて新しい状況に対応しきれなくなってきた。そのため、時間をかけて成文法を作るよりも、いきなり司法で決着をつける判例法のほうが、今の時代に適しているという意見もある。とはいえ、成文法の国で、法律を作らずに司法に任せてしまうというのは、行政の担当者からすれば何だか仕事の放棄みたいなもので、そう単純な話ではない。

データの扱いは企業デファクトルールによる

国際条約は官主導で行われる。しかし国際官庁であるＷＩＰＯも、世界で新しい条約を作るのは難しいと、半ばあきらめているようである。

従来から知財制度をめぐり対立している途上国と先進国の間では、いまだに知財制度が世界の役に立つかどうかという素朴で不毛な議論が、あきれるぐらい延々と続いている。

イノベーションのあまりにも急速な展開に各国の政策も国際ルールもついていけず、その結果、巨大企業や国際プラットフォームのデファクトルールが使われる。データを扱う契約は、その典型的な例である。データで主導権を握りたい企業は自社に有利な契約案を提示し、それにしたがう企業グループを作る。それが、世界のルールになっていく。

データだけではなく、多額の開発投資をした企業は今までにない新しい商品やビジネスを生み出すことになるが、投資額を回収するため自社の取引ルールを中心にしたビジネスエコシステムを作る。日本企業がそれに対処するためには、各国法を勉強すると同時に、デファクトルールにも注意を払わなければならない。

4 世界先使用権があればいいのに

世界の投資の無駄をなくす

知財制度への逆風としてネガティブな影響ととらえられているのは、誰かが出願したことにより技術が独占され、排他されたところはそれまで行ってきた開発投資が一気に無駄になることである。

情報が世界中で速く伝わるため、あるアイデアをヒントにして、世界で一斉に研究開発がスタートし、そこに投資が行われる。しかし知財制度があるせいで、1日早く出願した企業だけが20年の長期にわたり独占し、他の企業はそれまでの巨額の投資を無駄にすることは、世界経済全体として見れば相当に大きな無駄である。金は有効に使う方法を常に考えるほうがいい。

それであるなら、投資をした企業をある程度保護するような世界の制度を作ってはどうかと考えたくなる。そこで、世界先使用権制度である。

先使用権制度は各国に類似した形では存在するが、適用範囲は国別でしかない。日本の制度は封をした書類を持って公証人役場というところに行き、公証人が封の上から捺印して確かに確認したと証明するような、まるで江戸時代と錯覚するような古典的制度である。

技術がどんどん進化しているのに、進化するたびごとに公証人のところまで行き、公証人に捺印してもらい証明するというのは、時代に合っていない。ホンダでは先使用権を使ったことがなかったので勉強のために使ってみたが、あまりに効率が悪くて一度で十分、もういい、使いたくないというのが結論だった。

世界先使用権のような国際ルールを検討するとして、いつも頼りになるＷＩＰＯはこのところ南北対立と東西対立で疲れ切っていて、新しい国際条約や制度には積極的になってくれない。

それでは企業間で自発的にブロックチェーンを使ったデファクトルールを作り、世界で管理できないだろうかと思う。

世界で先使用権制度を作ったらどうなるか

もし、世界先使用権制度を作るとしたら、どのようなものになるか。

関係者間でブロックチェーンにより、主な項目を管理する。オフチェーンという別枠に開発途中の情報を入れ、タイムスタンプで日付を管理する。ブロックチェーンへの参加は、先使用権制度を利用したい開発投資を行っている企業が参加する。全体を維持管理するところを設定するならば、それにはＷＩＰＯがふさわしいかもしれないし、世界のデファクトルールの主役になることを志すどこかの企業が全体維持管理をしてもいい。

ブロックチェーンは、２００８年に日本人名と思しきサトシ・ナカモトの名前で発表された論文をスタートにしており、コンピュータのネットワークの中で財産的な情報を正確に記録し、移転の状況を記録できるものである。

特性としては、分散管理をすることによりデータの改ざんの防止と連続性の保証、秘密キーと公開キーによるアクセスの管理、作業証明による合意形成などで、改ざんができず、タイムスタンプなどで日付を正確に管理できる。取引を一つの固まりであるブロックとしてとらえ、ブロックをチェーンでつないでコンピュータに記録するので、ブロックチェーンという名前になる。

記録される財産的な情報とは、金融取引、不動産、動産、債権、株、契約条件、取引の履行管理などがありうるが、知的財産も財産的な情報として、なじみやすい。ブロックチェーンの知財管理への今後の適用は、大きな可能性がある。

もともとサトシ・ナカモトの論文は仮想通貨についてであったが、無体物の権利関係を帳簿で示すということなので、知財管理への適用の検討はすぐに始まった。

メリットとしては、すでにデジタル画像や音楽の著作権管理や利用関係の管理ツールとして使われているように、コンテンツの利用状況を管理しやすく、透明性があり、プログラムにより契約を自動的に行うことができる。仮想通貨と組み合わせれば、使用料の支払いも管理しやすい。少額のマイクロペイメントのような対応もできる。

知財で出願、登録といった手続きが必要なものは国が中央集権で管理しているが、特許の意味するところの特別許可は、中央集権でこそ可能な言葉である。もし、情報の分散管理をデファクトとして行うなら、特別な許可ではなくなる。

ブロックチェーンの管理は、オープン型またはクローズド型の二つの種類がある。オープンをパブリックまたはクローズドをプライベートと言い換えてもいい。パブリック型は誰でも自由に参加でき、プライベート型は参加者を限定する。

ブロックチェーンに記録された情報は、ネットワークに参加する端末で見ることができる。全部が見えてしまうと、それはそれで個人情報などの差し障りがありうるため、ブロックチェーン上ではなく、そこから離れたオフチェーンとしてクラウド上に記録し、ブロックチェーン上ではアクセスの記録などに留める方法もある。

ブロックチェーンの機能としての限界はある。

無権限者が第三者のコンテンツを自己のものとして登録するケース、ブロックチェーン上とオフチェーンで食い違いが生じるケースなど、普通に帳簿管理上で発生する問題と同じようなことは起きる。

世界の投資の無駄の排除こそ、世界のＳＤＧｓの基本に必要なことで、個々の企業がＳＤＧｓに向けてバラバラに非協力的に進めるよりも協力できる場をブロックチェーンで作り、協力しながら世界の環境をよくする技術の開発を進めることが、世界の役に立つのではないか。

こういう考えは、地球全体でのナッシュ均衡の適用であるが、今のところはまだ世界の動きになっていない。しかし、海外の来客との個人的な会食の際に話すと、彼らはコンセプトに大いに賛成してくれる。もし総論として可能性があるなら、次は実際に企画してみようかと思う。

5 国家間裁判の奪い合いから国際仲裁へ

知財訴訟を自国に集めたい

技術の複雑化で、異なる国籍の企業が広範囲に連携するようになると、企業間の紛争も生じやすくなる。アメリカ、欧州、中国は、どうも知財訴訟を自国に集めようとしているように見える。

知財訴訟は世界各国で行われるものなので、自国の判断を世界の判断にしたい、という意図があるように思う。それにより自国に出願も集まり、知財に関しての自国の判断が世界で支配的になりうる。

アメリカ主導での世界裁判官会議のようなシンポジウムが毎年開催されているが、ここではアメリカの裁判手続きや判断の合理性を印象づけて、もし知財訴訟をするならアメリカでどうぞ、というメッセージを発しているような印象がある。

それに対して欧州は、欧州こそが知財制度の老舗であり、欧州統一特許裁判所を作り、欧州の判断が世界をリードする、と言いたげである。

中国は出遅れてスタートした反動と、何でも権利主張するという風土で訴訟の数だけは異常に多いが、数が多いとそのうち経験値は高くなるため、いずれ中国の知財訴訟が世界で最も優れていると言い出すに決まっている。

米欧中に共通するのは、総じて原告が訴えやすい手続きにしていることである。原告を誘致すれば、自国の知財ビジネス業は世界の顧客を獲得できるであろう。その国の司法は、その国の法曹しか扱えないからである。

企業にすれば、判断を公平に行ってくれるのであればどこの国でもかまわないのだが、原告として訴訟地の選択をするなら、やはり勝てる可能性の高い国を優先する。

知財訴訟は、グローバルに商品が共通し、知財の権利内容もほぼ共通するため、各国での訴訟結果が違うのは、企業にとっては煩わしい。しかし世界は、このところ自国保護主義に傾いている。知財訴訟も、政治的な影響から自国の産業に有利な判断をする傾向が強まる恐れはある。自国の産業が、例えば素材や部品系の産業が中心であれば、素材や部品に有利なように判断をするかもしれない。

中国の最高人民法院は「目下の中国の経済状況に鑑み、中国企業に差し止めの判決をしてはならない」という司法解釈を10年ほど前に発したが、これがいまだに有効かどうかは不明なものの、裁判官たちの記憶の片隅には残っているであろう。中国企業は世界に出遅れたから、中国企業に対して差し止めはせずに手加減してやるように、という指示が最高裁から下級裁判所に出されたわけである。世界の裁判は、全く公平ではない。

知財訴訟を日本で増やしたい？

そこで、日本企業の争いの場所は、米欧中以外の選択肢を持たなければならない。

日本での裁判は日本企業にとってホームタウンであるが、外国企業が日本で持つ市場占有率はとても低いので、日本企業が日本の裁判所で外国企業を相手取り、訴える機会はあまり多くはないであろう。

知財訴訟は、常に反訴があることを想定しなければならない。100万台の製品を売っている日本企業と1万台の製品を売る外国企業が互いに侵害事件で争い、双方に同じ率のロイヤルティを支払えとする判決が出たら、結果として日本企業が支払う損害賠償金は、訴えたはずの相手の支払う金額の100倍になる。

そういう計算をすると、日本企業は日本で外国企業を訴えず、海外で訴えることを選ぶ。日本国内で知財訴訟が少ないのは、日本の産業構造の状況に理由がある。それは各社入り乱れて類似開発をしており、互いにグレーの案件をいくつも抱えているためで、1件で訴訟を起こしてしまうと乱打戦になり収拾がつかなくなる。そのため普通、日本企業同士で訴訟に持ち込むようなことはしない。

日本の産業構造から考えると、日本企業が知財という武器を訴訟で使うには外国で行うほうが適している。日本国内の訴訟手続きをいくら法改正しても産業構造がそうである以上、知財訴訟は増えない。

それでも、日本の訴訟をもっと原告が有利なように改正すべきとの根強い意見がある。中国、韓国、台湾も米国を見習い、懲罰賠償制度を導入するので、日本も導入すべきだという。中国、韓国、台湾はまだ模倣企業が多く、いわば悪い企業が多いためその威嚇のためには政府の施策としてありうるだろう。

しかし、現在の日本企業のレベルを低く考えてはいけない。日本はそのような時期は過ぎて、成熟度が違っている。米国についてはやはり世界からいろいろな企業が集まり、悪いヤツも来るのが米国の事情である。そういう国では、必要なのである。法改正には、現場がどのようになっているかを見なければ、逆効果になる。

特許は土地と違い権利が不確実なところがあり、無効理由を見つければあとで議論ができる。それを前提にして、他社の権利を使うこともあるのが実際に行われている企業実務である。

たとえ特許庁の審査官たちが登録を認めた特許であっても、争うことにより、かなりの件数が無効になる。同業者同士では無効になる可能性が高い場合、そのことを認識した上で互いに使っていることもある。

それがもし、故意侵害であり懲罰賠償の可能性あり、ということになれば、世界で最もコンプライアンスをきちんと守っている日本の経営者たちは、そんなことで壇上で頭を下げたくないので、他社の特許への侵害可能性を完全にクリアにすることを求め、研究開発では少しでも危ない特許には近づかないようにするであろう。それは結果として、知財が日本の研究開発を著しく萎縮させることになる。

国際仲裁は増えるが日本企業には調停のほうがなじむ

仲裁や調停という解決方法は、これから重要になるであろう。

仲裁はこれまではあまりスポットライトのあたらない存在であったが、徐々に注目を浴び始めている。

仲裁のメリットは大きい。訴訟判決は海外では強制執行できないことが多いが、仲裁は多くの国が仲裁条約に加入しているので、強制執行が可能である。日本での訴訟判決は中国では強制執行できないが、仲裁判断は中国でも強制執行できるのである。

訴訟は公開で行われるので勝てばいいのだが、微妙なケースでは公開してほしくないこともある。特にケチな案件で争うとか、こちらも非がありそうなときは公開されたくない。その点、仲裁は非公開で行われる。

訴訟はやはり国別でしかない。国際色を打ち出した国際仲裁の積極的な利用が、日本企業にとって将来役に立つ。知財の国際仲裁は、WIPO仲裁調停センターが世界をリードしている。日本企業はイザというときに、これを使えるように手続きを知っておかなければならない。

仲裁全般については、アジアではシンガポールと香港、韓国が国際仲裁の誘致に熱心で、仲裁人を世界中から採用し名前を公表している。

日本で老舗の日本商事仲裁協会は仲裁人にどのような人がいるのか、平均審理期間はどうかについては公表もしていない。また、施設ではテレビ会議もできなければ、証拠書類を見るディスプレイもなく、インターネットにも接続できない。そういうことも影響しているようで、経営法友会のアンケートによると国際仲裁の経験がある日本企業の半数は、日本ではなくシンガポールでの国際仲裁を利用している。

日本で行う国際仲裁を活性化するためには、日本企業という客を呼び込むための営業努力をし、いい仲裁人を抱えて設備を充実させることがまず必要である。

仲裁にデメリットがあるとしたら、仲裁人による一発勝負ということである。控訴、上告ということはなく、仲裁人が決めてしまうことである。

当事者自身が決定権を持つのは、調停である。

調停人は当事者の間に入り、何とかまとめようとする。ホテルの部屋に分かれた当事者の間を行ったり来たり、駆けずり回って合意させようと努力する。調停人はその業界の大先輩のような人が行うこともあり、一目置かれている熱心な人が多い。当事者としては、もし調停内容が嫌なときにはいつでもブレークできる。

日本企業の知財部門の人たちは、同じ仕事を長くやっており、その分野では経験値も高いことから、初めてその技術を理解しようとする裁判官や仲裁人よりも、調停人を介して自分で判断するほうを、好むかもしれない。

6 特許法と競争法のどちらが強いか

恐竜の復活

発明や創作の奨励のために権利を与えて保護するのが知的財産法であるが、保護しすぎると第三者の不利益が大きくなるとして制約をかけるのが、競争法である。

知的財産による強力な独占により権利者保護を手厚くすることをプロパテントと言い、知的財産による独占は競争を制限することになり、弊害が大きいとして弱めることをアンチパテントと言う。

米国の大恐慌が起きたのはプロパテントの結果だったらしい。その反動で、しばらくの間はアンチパテント政策が続いた。それから歴史的に双方が交互に優勢になる状態が続いて、今に至る。

しばらく前までは、プロパテントの時代が続いた。競争法は鳴りを潜めていたので、一世を風靡した競争法を恐竜に例え、競争法は死せる恐竜とまで言われた。

ところが最近、恐竜が大復活を遂げているのである。

復活はジュラシックパークのような限定された場所ではなく、全世界で一斉に、である。

ＥＵでは、グーグルがショッピングサービスで自社を優遇しているとして、２０１７年に約３０００億円という罰金が課された。中国、米国、カナダで、自動車部品も薬も、日本企業も外国企業も、続々と競争法違反による罰金を、数十億円から数百億円課されている。まるで各国の競争法当局が罰金の大きさを競うように、制限されない競争を繰り返しているように見える。

ＥＵでは、グーグルがスマートフォンのＯＳのアンドロイドと自社のアプリケーションソフトを抱き合わせで提供するのは、他者のアプリケーションを排除しているので競争法違反の疑いがあるとした。罰金はＥＵでのビジネスだけではなく、なんと全世界の売上の10％を上限として課される可能性があった。単純計算では、１兆２０００億円である。実際には約５７００億円の罰金とされ、これに対して２０１８年10月にグーグルが上訴している。
競争法は、自国に影響があるという理由の下に、各国当局が全世界の売上を対象に罰金を課すことができるという、驚くような制度である。

米国のアンチパテント

企業が自社で努力の結果、イノベーションを起こし、知財を持ち、技術的な優位性の下で先行者として利益を得ながら商売を続けているときに、その企業が強すぎるとして罰金を課すのは、事後的に儲けすぎるのはいけないと言っているようである。しかし、ここで競争法のあり方を批判しても仕方がない。そういう法律があるので、国際ルールの一つとして注意する必要があるということである。

例えば、競争法による価格協定のようなものは、どこの国で行われたかというよりも、どこの国が影響を受けるかという視点で判断する。そのため、自国が少しでも影響を受けたと言える場合、他国の売上も計算根拠になる。海外の競争法当局がいきなり域外適用をしてくるのは、そういう理由である。

競争法の適用に対抗する唯一の手段は知財を持っていることであるが、現在競争法はあまりにも強力で、知財の権利はあまりにも弱い。

こういう場面でいつも主導的に動いている米国が、どうやらアンチパテントになっている。

理由は、はっきりしている。ＮＰＥの金儲け主義の連中が知財を使い、場を荒らしまくった反動である。彼らに儲けさせないために知財を弱めるように、法改正と司法判断をしてしまったのである。

法改正では、登録後の異議申立て制度ができた。付与後レビュー（Post-Grant Review）という名で登録後９カ月以内に行われる申立てと、９カ月を過ぎてから当事者系レビュー（Inter-Partes Review）として行われる申立てである。これにより、登録になっている米国特許でも、あとになってから新規性や自明性がないとして、異議申立てをし、その特許を無効にできるようになった。

司法判断では、２００６年のイーベイ判決では特許による差し止めを制限し、２０１３年のミリアド判決では遺伝子特許を制限し、２０１４年のアリス判決ではソフトウエア特許を制限した。

これらにより、ＮＰＥの活動は急速に下火になった。しかしおかげで、米国特許はとても弱くなってしまった。

知財の権利侵害の訴えを提起し、勝ったとして得られる損害賠償額は普通、数億円レベルであり、高くても数十億円に留まる。

米国のアリス判決以降は、抽象的概念は特許性がないとして対象範囲を特定するように流れが変わり、それ以前とそれ以後の特許侵害が認められる率は23・7％から14・4％まで下がった。つまり、データ上は特許侵害がなかなか認められず、特許が弱くなっている。

そのくせ、競争法の制約にちょっとでもふれればすぐに数百億円、場合によっては全世界売上の10％の罰金が課される。それも、事後に課される。一国の競争法当局がその一方的な判断で、全世界の売上を対象にして罰金を課す。

このように一時は死んだと言われた恐竜が、今や全世界で暴れ回っているようである。

将来の方向性を楽観的に考えると

将来において、知的財産法と競争法はより整合していくであろう。

この先何年かかるかわからないが、特許のような独占権の目的は、各国の産業の発展のためではなく、人類の幸福のためと変わるだろうし、単なる改良発明には独占権ではなく、発明者や権利者のＩＤを表示して一括管理の上、使いたい人にはライセンスすることが原則になる。単なる改良発明は、ロイヤルティの支払いにより誰でも使えるようになるだろう。真に基本発明と認定されたものにだけ独占権が与えられ、基本発明であっても世界が必要とする環境技術や医療技術はやはり誰でも使えるようにし、その発明を生んだ企業の投資は、社会全体でカバーする。

恐竜たちは、境界をはっきりさせたジュラシックパークに留め、全世界で暴れ回ることのないようにするほうがいい。

知的財産法と競争法は、世界の健全な発展のために、より安定しバランスの取れた状況であることが望ましい。

7 知財をツールとする日本企業の連携戦略

知財を連携のツールにする

日本の産業構造は、同じ業界に多数の国内ライバルがいるので、足元の日本市場では窮屈な戦いを強いられ、利益が出にくい。

典型的な例として（中国の民族系を除く）世界の自動車会社の約半数が日本にあるが、日本市場では販売も過当競争であり、新しい発明もまず日本に出願をするために、日本の自動車会社は相互に日本の他の会社の特許により設計の自由度が非常に制約される。これが、一国に一社であれば足元を固めて利益を上げて、それから海外に打って出るので、どれだけ楽かしれない。

自動車も製薬も電機も化学も、日本市場ではあまり利益が上がらないため、海外で稼ぐしかない。そのような日本でも特許出願は早く出願した者の勝ちなので、各社とも類似した内容の特許出願をまず日本に大量に出願する。外国のライバルにとっては、自国に出願されずに無償で公開される、絶好のテキストである。

ひしめき合っているうちの一社が経営破綻した場合、設計図を外国企業に安く売って糊口をしのぐという会社が、過去に電機でも自動車でもいくつかある。数百億から数千億円の投資をして作り上げた技術を、日本の同業他社には売らず新興国企業にたった数億円で売却する。彼らが生き延びるための経営判断なので、そのときにはやむを得ない判断だが、結果的には日本からの大きな技術流出になり、数千億円の研究開発成果をタダ同然で手に入れた新興国企業は、いきなり力をつけてくる。

そのような大変な状況が、過去何度かあった。今までは、それでも何とかなっていた。日本企業自体が成長期で、エネルギーがあったのである。

時代は変わり、グローバル産業競争においてデータは規模が大きいほど役に立つことが認識され、需要側のニーズに合わせた商品を用意するほうがいいとなると、日本のライバル企業同士が連携すれば、もっと効率がいいという気運が高まってきている。

その先にあるのは、技術開発では乗り合いの共通領域を作り、そこは争わずに互いに知財を使い合うようにすることが合理的である、という考え方である。

日本企業の持つ特許を大規模パテントプール、さらにデータも含めて大規模知的資産プールにしたら、どうであろうか。

日本企業に勤める高い年齢の人たちは、パテントプールは競争法違反になるとステレオタイプに考えて、あまり積極的ではない。理由があるとすれば、過去のある時期に世界で急速に伸びた日本企業は、工業会を作り、そこで談合をしているとして、米国からクレームがあったことを記憶しているせいである。

しかし米国の司法省がＭＰＥＧ－２（パソコンなどで使われる動画の技術）のときに出したレターが、パテントプールの世界のガイドラインになっている。

それによると、特許が特定されて有効で、全世界で実施可能な非独占ライセンスが供与でき、ロイヤルティが合理的であり、ライセンシーが代替的な特許を自由に開発利用できるなどの条件をクリアできれば、パテントプールは作っていいことになっている。条件をクリアしたパテントプールには、モササウルスのような恐竜はおらず、競争法は威嚇してこないのである。

ちなみにモササウルスというのは、映画「ジュラシック・ワールド」で、地上の恐竜に喰らいつき、水中にひきずり込んだヤツで、新作ではついにプールから出てしまい、世界で暴れている。

パテントプールは、特許のワンストップライセンスとしては極めて有効である。日本企業同士が多数の日本出願に互いに疲弊しながら小競り合いを続ける時代は終わり、グローバルで戦うときに何が有効に機能するかを真摯に考えなくてはならない。

ＭＰＥＧ－４という技術は、パナソニック、ソニー、東芝、フィリップスなど約40社の特許を集めて作ったパテントプールを、１５００社ほどのライセンシーが利用しているものである。大半が日本企業の特許と言われる。

これは一つの技術のくくりで構成するものだが、ビジネスエコシステムに参加している企業群が自社の持つ特許をそれぞれ提供して使いやすくする、ビジネスエコシステムのくくりで構成するパテントプールもありうるかもしれない。

中国の大学群がＡＩの開発を受け持っているのは、そこで発生する特許を企業に使わせるワンストップライセンスのような仕組みになる。基本的な部分が似通った技術ならそれを統合して、国内で使いやすくし、各社の研究開発のエネルギーをそれぞれ独自の競争領域に振り向けるのは、グローバル競争のためには有効に機能する。

日本企業の営業部門は互いに仲が悪いし、技術者も自前主義に凝り固まっている。しかし、知財部門は知財という共通言語を持っているので、他社とのネットワークがある。さらに権利の比較を日常的にやっていると、各社のテレビコマーシャルではずいぶん違う技術のように宣伝するが、本当はあまり大差のない技術も多いことを知っている。

日本企業によるオープンイノベーションを考えるとき、日本企業だけのくくりでのビジネスの連携は、難しいであろう。グローバルでビジネスを行っている日本企業が多い。もし、日本の産業界でまとまるというなら、自社は外国企業と連携するという日本企業もいくつか出てくるはずである。ホンダなどは真っ先にそう言いそうな企業だが、おそらく日本企業だけで集まり、ビジネスとして連携するという話は合理性がない。

しかし、その場合でも連携のツールとして日本企業が互いの知財をうまく利用するというのは、可能である。それはツールだからであり、ツールは合理的に使えばいい。

パテントプールができるようなら、他社の特許を効果的に使うパテントアグリゲータのような調整もその延長線上でできる。

アグリゲータという言葉は、物を収集する人や組織のことを言うが、攻撃型パテントアグリゲータは、特許を買い集めて権利行使をして金を稼ぐ集団のこと言う。これにはアカシアテクノロジーズ、ラウンドロックリサーチ、ヴリンゴ、トランスパシフィックなどがあるが、さすがに自分たちで攻撃型とは言っていない。

それに対して防御型パテントアグリゲータは、企業が参加し、参加メンバーの特許を融通し合って攻撃型パテントアグリゲーターからの攻撃に対抗する。防御型アグリゲータと言われるＲＰＸにはＩＢＭ、マイクロソフト、ソニー、パナソニック、ＮＥＣなどが会員として入っており、ＡＳＴにはホンダ、フォード、フィリップス、ＨＰなどを会員としている。また、ＬＯＴ（License on Transfer）やＯＩＮ（Open Invention Network）といった団体もある。

例えば、ＬＯＴの仕組みは２０１４年にグーグルの提案により相互非侵害協定としてスタートしたもので、そのメンバーの特許がパテントトロールなどによって使用されることがないようにというものである。会員企業は、自社の特許を手放さない限りは、これを行使する権利を持ち続けるが、もし特許を売却したら、それをトリガーとして無償ライセンスが他の会員に許諾される。会員企業にはホンダ、キヤノン、フォード、グーグルなどがある。

ＯＩＮはＩＢＭやソニーによってスタートし、ＬＩＮＵＸ関連のシステムやアプリケーションに対し、その特許を主張しないことに同意した企業に、ＯＩＮが買収した特許を無償ライセンスするような仕組みである。参加企業はＮＥＣ、富士通、フィリップスなどである。最近、マイクロソフトが参加した。ＯＩＮは防御や攻撃というより、相互利用的な性格である。

パテントアグリゲータは、知財を共通の連携ツールとして相互に効果的に使う連合軍を作るようなものである。

ＯＩＮの応用として考えると、想定上のビジネスエコシステムに参加する企業は、その範囲で特許を主張しないことに同意し、そのビジネスエコシステムで利用する特許は、無償ライセンスされるという構成の仕方があるであろう。

日本企業同士で、緩い連合軍のような形式でそれを行うという連携である。知財を連携のツールとしてとらえると、日本企業が業種を超えたより広い範囲で参加できるような仕組みを作り、グローバル産業競争で戦うのは効率がいい。日本でのみ登録になっている大量の日本特許で、日本企業同士が国内消耗戦を行う時代ではもうない。

8 グローバル行動力の強化

外資、外国人を入れないようにしてきたツケ

日本企業が国策によって外国勢から守られてきたのは、事実である。明治以降、外国資本が日本の産業を牛耳ることのないように規制と牽制を続け、先進国では世界でも稀な自国企業による支配中心の産業を育ててきた。

ＧＤＰ比で見て外資系企業を受け入れている比率の少ない国は、最下位からブルンジ、アンゴラ、ネパール、日本、東ティモールと続く。

日本や他の国は外資から見て魅力が乏しそうだが、先進国の中では見事なまでに日本だけが外資の圧力から保護された結果になっている。日本は国策で、歴史的に外資系企業を拒否し続けてきたのである。

しかし、保護された企業は保護された分、普通ひ弱になる。日本企業はうまくいった反面、海外対応のひ弱さもそのまま続いてしまったと思う。

外資系企業が入ってこられなかったことと同様に、日本企業の中にも外国人社員が少ない。日本人だけの企業は、同じタイプの社員が多くなり、意見も同質になる。誰に聞いても同じような答えが返ってきて、居心地のいい会話の中でよくわからないながらもうなずき合うのが社内のコミュニケーションスタイルであり、異論を唱える人は目配せで敬遠される。

以前、世界のホンダグループの知財メンバーと一緒に仕事をする経験を持ったが、日本への逆駐在も含めて、英国人、ドイツ人、米国人、カナダ人、ブラジル人、中国人が同僚であり、関係する他部門の人も入れると、外国人との仕事が日常的な仕事であった。

そこでは、日本のために仕事をするというセリフは全くナンセンスである。日本のグローバル企業に勤務したいとする外国人は優れた国際感覚を持っている人が多いため、それに合わせて日本人も国際人になる。

彼らの意見は国際的な視野を持っており、参考になるものが多い。彼らは、意見や主張をはっきり言わないと、彼らにとっての外国人である日本人社員に伝わらないので、可能な限り明確に発言する。

他方、日本人同士の会話は半分テレパシーでも使っているのではないかと思うほど、不明瞭であり、わからなくてもうなずき合っていることが多い。

日本のメディアの記事も、大手の経済誌などいくつかの例外を除き、あまりにもローカルである。米国のヘンリー・キッシンジャー元国務長官は、日本は部族社会であり部族内の揉め事のほうが国際問題よりも大切な国、と大変失礼な発言をしたが、当たってはいる。

日本企業はもっとグローバルの戦いを

国によって保護されてきた日本企業は、日本市場の中では同業者がいくら多くてもパイを分け合ってビジネスを行ってきた。それでは、より大きくなるためにグローバルの戦いに出ていくかというと、そうではない。

ドルベースの輸出額をGDP比で見ると、208カ国中ほとんど最下位クラスの183位である。日本のGDPの大きさにもかかわらず、輸出で勝負していない。

日本の中小企業で輸出をしているのは、中小企業全体のうち、2・8%である。日本と同じような規模の製造業の国であるドイツの中小企業は約30%が輸出をしていることと比べると、その差は大きい。

そうしたことを考えると、いまさらながらだが、グローバル化のチャレンジに、今後の日本企業の活路がある。

スイスにあるＩＭＤの国際調査ランキング２０１７によると、日本企業のビジネス部門の国際経験は、調査対象の63カ国中、なんと最下位の63位である。

もっと高いと思う人が多いかもしれないが、国により保護され続けた結果、日本に留まって国際経験をしておらず、この結果である。これは、今まで国際経験がなくてもやってこられたという過去を証明している。

だが、ここでも開き直って、これから先は国際経験をする可能性がある日本企業がたくさんある、とレトリック上は言い換えることが可能である。

日本企業の企業行動力の順位も、やはり堂々の最下位63位である。

ランキングをつけるときはいくつかの指標により採点するが、ここでの指標は、企業が世界でどう行動しているかを見ており、国際経験のランキングと関連している。

日本と各国の経済連携がもっと進むと、否応なしに日本企業はもっと国際競争をしなくてはいけない。

どう戦うか、作戦を考えなくてはいけないが、特に国際知財戦略は、今後のグローバルの戦いの場では全社員必須科目である。

外国人社員を増やす

米国の東海岸の企業は20世紀的なエスタブリッシュメントであり、社風は日本企業と類似する。両者とも同じようなタイプの社員が多いことと、なんとなく停滞感を感じさせる雰囲気があることも、共通する。

他方、米国の西海岸の企業はアジア各国の人材を大量に受け入れて発展している。半導体は台湾、ソフトウエアはインド、組み立てはＡＳＥＡＮ各国であり、そこから人材を受け入れている。

アジアからの優秀な人材が西海岸の大学に留学した後、西海岸の米国企業に就職し、母国との橋渡しをしている。

日本でも、このサイクルがあるといい。

そのためには日本の大学がもっと多くの優秀な外国人を受け入れ、彼らをできるだけ日本企業が採用し、彼らの母国企業との連携を活発にすることが、いいサイクルを作る。

日本企業でグローバル展開をしているところといえども、かつては外国人社員をその国の現地法人で使う程度にしか考えていないことが多かった。

これからは、出身国の企業と日本企業とのオープンイノベーションのインターフェイスとして活躍する重要な存在、として位置づけられる。

企業のグローバル行動力強化は、日本人社員が海外で学ぶと同時に、外国人社員の新しい活用によりスパイラルアップするであろう。

9 社員全員による知的資産対応

知財専門家の仕事になりすぎた反省

全社で知財を理解し使いこなすことが企業の知財活動の基本的な姿でもあるのだが、多くの日本企業ではこれまで十分ではなかったかもしれない。

理由は単純で、知財制度や特許出願手続きは日本や各国の法律や運用を相当勉強しないと理解できないような難しさがあり、そのため企業内の他部門は知財を使うことを半ば放棄して知財部門に対応を任せすぎた。対応を任された知財部門は、専門的には掘り下げた精緻な仕事を行うものの、専門の勉強に時間をとられすぎて、会社全体で役立てるという本来の目的への対応が手薄になった。

新興国企業が成長して日本企業を追い抜く事例は、日本企業の伝統的な知財活動に大きな変化をもたらした。出願件数が多くても、急速に業績悪化し利益もシェアも奪われる例で、特許を持っているだけではビジネスに役に立たないことが証明された。もし役に立っていたのなら、「鉄壁の知財に守られた揺るぎなき事業」のはずだった。

知財の活用は事業と知財をいかに強力に組み合わせるかだが、それはもともと経営者の行うべき事項である。

経営者は出願手続きの詳細を知る必要はないが、知財をどう使えばいいかは知らなければならない。

ヨーロッパの老舗企業も米国東部のエスタブリッシュメントの企業も、経営トップは知財にあまり関心がない。知らなくても、企業経営は何とかなっていた。日本企業もそうだった。

しかし、世界で急速に伸びている企業は、経営者自らが知財の知識があり、経営トップが直接判断を行っているところが多い。戦後急成長した時期の日本企業がそうだった。このことを、もう一度思い出すべきである。

ホンダの社長は本田宗一郎氏をはじめ、みな知財が得意分野である。本田さんの知財に関する発言は知財語録集としてまとめることができるほど多く、するどい指摘ばかりである。私は本田さんに接した最後の世代だが、それを誇りに思い、今も度々引用している。

また、その後のホンダの歴代の社長の多くが専務の頃に知財担当役員として、知財部門の報告を詳細に聞いており、知財を自分の得意分野としている。

ソニーの創業者の一人の井深大氏は、自らが弁理士の資格も有しており、創業して翌日に特許出願をしているほど知財を使うということへの見識がある。その後も現在に至るまで、ソニーの知財戦略は見事に企業戦略と一致している。

マイクロソフトのビル・ゲイツ氏は、当初知財に関してはよく知らずにスタートしたようである。しかし軽く見ていたせいで、初期にＩＢＭにより知財でコテンパンにやられてしまい、彼は反省して自らが知財を相当に勉強して強化したようである。その後、急成長を遂げた。

チャレンジャーとして成長するには、経営者の知財への取り組み姿勢が大きく影響する。

中国企業は、世界の産業競争では新参者でチャレンジャーの立場であるが、成長している中国企業には、経営者の中に知財を語れる人がいる。数年前までは無名だったそのような人たちが、今ではあの中国企業の知財戦略は彼、彼女が行っている、と我々でもわかるまでになっている。こういうのは侮れない。新興企業で、知財をうまく使うところは成長が約束されていると言える。

企業は、チャレンジャーのマインドを忘れてはいけない。忘れたら衰退するであろう。そうならないためには、知財を戦いのツールとして将来の勝ち負けを予測し、全社に警鐘を鳴らすことである。それには経営者が知財を得意分野にし、トップダウンで全社に響くようにするのがいい。

知財情報は企業戦略へ、出願と訴訟は戦術として

戦略とは、戦闘部隊が有利な条件で戦場に臨めるように全体を構成する策略であり、勝利を最大限に利用することを意味する。

戦術は戦場において戦闘に勝利する術で、術のためのノウハウと指揮統率を言う。つまり戦略は全体をアレンジすることであり、戦闘で勝利するのは戦術の巧拙による。いくらいい戦略に見えても、戦闘で負ければ結果としての負けであり、戦略の失敗である。

知財戦略という言い慣らされた言葉は、企業戦略という大きな概念の前では、知財戦術

の位置づけである。知財活動ではライバルに勝ったか負けたかの判定ができ、それが戦術の巧拙の評価になる。

知財活動で勝ったか負けたかの判定は、これまでの日本企業の場合は、ライバル企業よりも1日も早く先行して、より多い大量出願を行うことと、訴訟で勝つことである。その限りでは、今までよくやってきた。

知財活動は、扱う対象がデータやソリューションも含めた知的資産全体になる。さらに情報分析テクニックも飛躍的に向上し、将来予測まで可能になっている。そうなると、個々の知財の戦術での勝利とは別な次元で、企業戦略という全体アレンジメントに必要な情報対応をすることが、これからの知財活動に強く期待される。

日本企業がオープンイノベーションを行うときの日本の強みを考えると、日本には各業種に満遍なくグローバル競争をしている大企業があることが強みである。それも虚業より実業、ファンダメンタル志向であり、金融に操られることへの違和感を基本的に持ち、自社の内部資金で新しいチャレンジをしようとする。

日本でのイノベーションマネーの供給は大企業の展開資金が最も大きく、多くの社内ベンチャーが安定した研究開発予算を持って活動している。また、日本企業は社内ベンチャーやスピンオフした企業も、基本的にはちゃんと支援を続けている。何より圧倒的多数の人材がいて、情報が集約し、収集機能も高い。したがって、大企業がうまくオープンイノベーションの大規模コンセプトの構想を持ち、他社も参加させれば、大きなパワーを発揮できる。

共通基盤となる技術は、パテントプールを作ってワンストップライセンスで使えるようにすればいい。また、共通の敵と戦う場合には、パテントアグリゲータも有効である。それにより、世界で日本企業は有利に戦える。

自社の独自技術の独占権と同時に、他社と連携のためのライセンスツールになるのが知財の機能であり、それをうまく使うことが、オープンイノベーション対応に役立つ。そのため全社で知財の機能を理解し、経営者自ら戦略的に知財を使わなければならない。

おわりに

日本の産業構造は、類似開発をしているという状況があるため、連携しやすいベースがある。業種ごとにパテントプールが成立しやすいのである。データをビッグデータとして連携させるときに、特許も互いに使いやすいようにするという調整は合理的である。

さらに将来、外国で訴訟を行う場合に1社で戦わず、日本の他社の特許もうまく借りて利用する作戦もありうる。類似した特許を互いに持っているため、補い合えるのである。

コーポレートブランドの使い方を参考にして日本のカントリーブランドをうまく使うことは、日本のGDP規模の割には輸出に消極的な日本企業の支援策として役に立つ。

日本のベンチャー支援のために都市銀行が参加するには、知財評価と融資と特許流通市場の透明化の3点セットが必要であり、日本の大学が海外のビジネス志向の大学との企業取引バトルで競争力を持つには、日本でもビジネス志向の大学を作り、そこで海外の大学の情報を参考にしながら強化することが役に立つ。

私自身は今、毎日大量の情報が飛びかう交差点のようなところで仕事をしている。意見を求められることも多いので、いろいろな問題について何か発言できるように準備しておく習慣がいつしかついた。

本書は、そのようにして書き溜めた個人的な意見である。したがって、私の所属する一般社団法人日本知的財産協会の意見でもなければ、一般社団法人日本知財学会の意見でもなく、単に、こうすればいいのにと個人的に思っている内容にすぎない。

本書を書くにあたって、CCCメディアハウスの山本泰代さんに大変お世話になった。ここであらためて感謝したい。

2019年3月

久慈直登

経営戦略《けいえいせんりゃく》としての知財《ちざい》

2019年5月1日　初版発行

［著　者］　久慈直登

［発行者］　小林圭太

［発行所］　株式会社 ＣＣＣメディアハウス
〒141-8205
東京都品川区上大崎3丁目1番1号
電話：販売 03-5436-5721　編集 03-5436-5735
http://books.cccmh.co.jp

［印刷・製本］　株式会社 新藤慶昌堂

［ブックデザイン］　TYPEFACE（AD.渡邊民人 D.清水真理子）

［校　正］　株式会社 文字工房燦光

 ISBN 978-4-484-19212-3